초능력 수학 연산을
초능력 쌤이 우리집으로 온다!

KB132515

초능력 쌤과 함께하는 연산 원리 동영상 강의 무료 제공

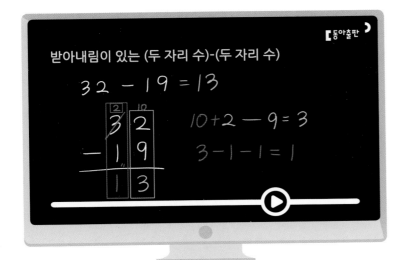

받아내림이 있는 (두 자리 수)-(두 자리 수)

$$32 - 19 = 13$$

$$10 + 2 - 9 = 3$$

$$3 - 1 - 1 = 1$$

자꾸 연산에서 실수를 해요.
도와줘요~ 초능력 쌤!

연산에서 자꾸 실수를 하는 건 연산 원리를
제대로 이해하지 못했기 때문이야.

연산 원리요?
어떻게 연산 원리를 공부하면 돼요?

이제부터 내가 하나하나 알려줄게.
지금 바로 무료 스마트러닝에 접속해 봐.

와~!
초능력 쌤이랑 공부하니 제대로 연산
기초가 탄탄해지네요!

초능력 수학 연산 무료 스마트러닝 접속 방법

방법 1

동아출판 홈페이지 www.bookdonga.com에 접속하면 초능력 수학 연산 무료 스마트러닝을 이용할 수 있습니다.

방법 2

핸드폰이나 테블릿으로 **교재 표지에 있는 QR코드**를 찍으면 무료 스마트러닝에서 연산 원리 동영상 강의를 이용할 수 있습니다.

나만의 초능력 쌤과 함께 제대로 키우자!
기초학습능력 초능력

국어 독해 지문 분석 강의

- 30개의 지문을 글의 종류와 구조에 따라 분석
- 지문 내용과 관련된 어휘와 배경 지식도 탄탄하게 정리

비주얼씽킹 초등 과학 개념 강의

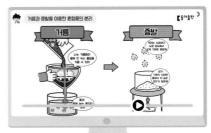

- 과학 개념을 재미있게 그림으로 설명
- 비주얼씽킹 문제로 완벽한 개념 이해

수학 연산 연산 원리 강의

- 연산에 필요한 원리를 쉽고 짧게 설명
- 문제 풀이에 바로 적용할 수 있는 원리 강의

비주얼씽킹 초등 한국사 개념 강의

- 사회 교과서에 맞춘 한국사 개념 강의
- 비주얼씽킹으로 쉽게 이해하는 한국사

맞춤법+받아쓰기 맞춤법 원리 강의

- 맞춤법의 기본 원리를 이해하기 쉽게 설명
- 맞춤법 문제도 재미있는 풀이 강의로 해결

급수 한자 기출 문제 풀이 강의

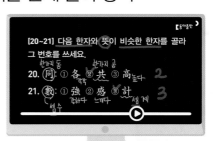

- 한자 8급, 7급, 6급 기출문제 완벽 분석
- 혼자서도 한자능력검정시험 완벽 대비

초능력 수학 연산 학습 플래너

스스로 학습 계획을 세우고 달성하면서
수학 연산 실력 향상은 물론
연산을 적용하는 힘을 키울 수 있습니다.

이 책을 학습한 날짜와 학습 결과를 체크해 보세요.

DAY	공부한 날		확인	DAY	공부한 날		확인
01	월	일	☺☹	32	월	일	☺☹
02	월	일	☺☹	33	월	일	☺☹
03	월	일	☺☹	34	월	일	☺☹
04	월	일	☺☹	35	월	일	☺☹
05	월	일	☺☹	36	월	일	☺☹
06	월	일	☺☹	37	월	일	☺☹
07	월	일	☺☹	38	월	일	☺☹
08	월	일	☺☹	39	월	일	☺☹
09	월	일	☺☹	40	월	일	☺☹
10	월	일	☺☹	41	월	일	☺☹
11	월	일	☺☹	42	월	일	☺☹
12	월	일	☺☹	43	월	일	☺☹
13	월	일	☺☹	44	월	일	☺☹
14	월	일	☺☹	45	월	일	☺☹
15	월	일	☺☹	46	월	일	☺☹
16	월	일	☺☹	47	월	일	☺☹
17	월	일	☺☹	48	월	일	☺☹
18	월	일	☺☹	49	월	일	☺☹
19	월	일	☺☹	50	월	일	☺☹
20	월	일	☺☹	51	월	일	☺☹
21	월	일	☺☹	52	월	일	☺☹
22	월	일	☺☹	53	월	일	☺☹
23	월	일	☺☹	54	월	일	☺☹
24	월	일	☺☹	55	월	일	☺☹
25	월	일	☺☹	56	월	일	☺☹
26	월	일	☺☹	57	월	일	☺☹
27	월	일	☺☹	58	월	일	☺☹
28	월	일	☺☹	59	월	일	☺☹
29	월	일	☺☹	60	월	일	☺☹
30	월	일	☺☹	61	월	일	☺☹
31	월	일	☺☹				

이렇게 활용하세요.

공부한 날에 맞게 날짜를 쓰고
학습 결과에 맞추어 확인란에 체크합니다.

예 DAY	공부한 날		확인
01	**1** 월	**2** 일	☺

바른 계산, 빠른 연산!

초능력

수학 연산

초등 수학

1·1

1학년 1학기
연계 학년 단원 구성

교과서 모든 영역별 계산 문제를 단원별로 묶어
한 학기를 끝내도록 구성되어 있어요.

이럴 땐 이렇게 교재를 선택하세요.

해당 학기 교재 단원을 완벽히 이해했으면 다음 학기 교재를 선택하여 실력을 키워요.

단원	1. 9까지의 수
학습 내용	❶ 1, 2, 3, 4, 5 알기
	❷ 6, 7, 8, 9 알기
	❸ 몇째 알기
	❹ 수의 순서 알기
	❺ 1만큼 더 큰 수와 1만큼 더 작은 수 알기 / 0 알기
	❻ 수의 크기 비교하기 ①
	❼ 수의 크기 비교하기 ②

1학년 2학기

단원	학습 내용
1. 100까지의 수	99까지의 수, 수의 순서, 두 수의 크기 비교, 짝수와 홀수
2. 덧셈 (1)	(몇십)+(몇), (몇십몇)+(몇), (몇십)+(몇십), (몇십몇)+(몇십몇)
3. 뺄셈 (1)	(몇십)-(몇십), (몇십몇)-(몇), (몇십)-(몇십), (몇십몇)-(몇십몇)
4. 덧셈 (2)	세 수의 덧셈, 10이 되는 더하기, 10을 만들어 더하기, 올림이 있는 (몇)+(몇)
5. 뺄셈 (2)	세 수의 뺄셈, 10에서 빼기, 받아내림이 있는 (십몇)-(몇)

이런 점이 좋아요!

▷ **학습 플래너 관리**

학습 플래너에 스스로 학습 계획을
세우고 달성하면서 규칙적인 학습 습관을
키우도록 합니다.

▷ **특화 단원 집중 강화 학습**

학년, 학기별 중요한 연산 단원을 집중 강화
학습할 수 있도록 구성하여 연산력을
완성합니다.

▷ **정확성을 길러주는 연산 쓰기 연습**

기계적으로 단순 반복하는 연산 학습이 아닌
칸 노트를 활용하여 스스로 정확하게 쓰는
연습에 집중하도록 합니다.

▷ **연산 능력을 문제에 적용하는 학습**

연산을 실전 문제에 적용하여 풀어볼 수 있어
연산력 뿐만 아니라 수학 실력도 향상시킵니다.

이렇게 **구성**되어 있어요!

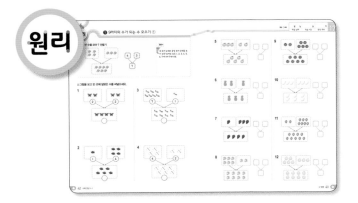

원리

학습 내용별 연산 원리를 문제로 설명하여
계산 원리를 스스로 익힙니다.

 QR코드를 스마트폰으로 찍으면
연산 원리 동영상 강의를 무료로
학습할 수 있습니다.

연산 원리
동영상 강의

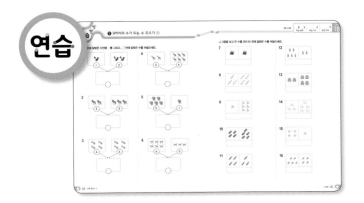

연습

학습 내용별 원리를 토대로 문제를 해결하면서
연습을 충분히 합니다.

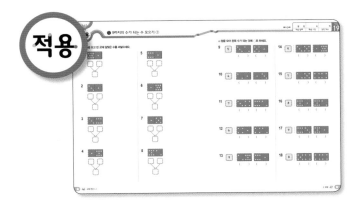

적용

학습 내용별 충분히 연습한 연산 원리를
유연하게 조작하여 스스로 문제를 해결하는
능력을 키웁니다.

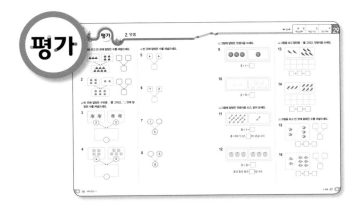

평가

학습 내용별 연습과 적용에서 학습한 내용을
토대로 한 단원의 내용을 종합적으로
확인합니다.

차례

1 9까지의 수

🎪 학습 계획표

📖 학습관리 **tip** 맨 앞장의 학습 플래너를 이용하여 학습 스케줄을 관리하도록 하세요!

원리

❶ 1, 2, 3, 4, 5 알기

○ 1, 2, 3, 4, 5

 ● | 하나 / 일

 ● ● 2 둘 / 이

 ● ● ● 3 셋 / 삼

 ● ● ● ● 4 넷 / 사

 ● ● ● ● ● 5 다섯 / 오

 조심이

일 층, 이 층, 일 점, 이 점, 한 개, 두 개, 한 상자, 두 상자……와 같이 수는 뒤에 단위를 붙이면 읽는 방법이 달라져.
여기서는 단위를 붙이지 말고 읽도록 해.

:: 그림의 수만큼 ○를 그리고, 알맞게 이으세요.

1  · · | 1 |

2  · · | 2 |

3  · · | 3 |

4  · · | 4 |

5   · · | 5 |

❖ 수만큼 색칠하세요.

6

7

8

9

10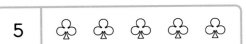

11 삼 ☆ ☆ ☆ ☆ ☆

12

13

14

15

16

17

::: 그림을 보고 ☐ 안에 수를 쓰고, 알맞은 것에 ◯표 하세요.

1

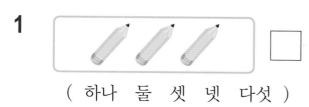 ☐

(하나 둘 셋 넷 다섯)

2

 ☐

(하나 둘 셋 넷 다섯)

3

 ☐

(하나 둘 셋 넷 다섯)

4

 ☐

(하나 둘 셋 넷 다섯)

5

 ☐

(하나 둘 셋 넷 다섯)

6

 ☐

(하나 둘 셋 넷 다섯)

7

 ☐

(일 이 삼 사 오)

8

☐

(일 이 삼 사 오)

9

 ☐

(일 이 삼 사 오)

10

 ☐

(일 이 삼 사 오)

11

☐

(일 이 삼 사 오)

12

☐

(일 이 삼 사 오)

:: 그림의 수를 세어 ☐ 안에 써넣고, 그 수를 두 가지 방법으로 읽어 보세요.

13

☐ (,   )

18
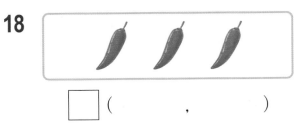
☐ (,   )

14
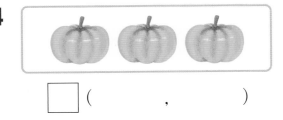
☐ (,   )

19

☐ (,   )

15

☐ (,   )

20
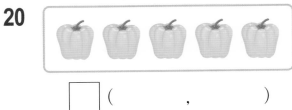
☐ (,   )

16
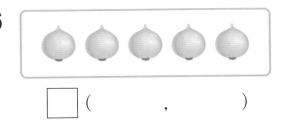
☐ (,   )

21
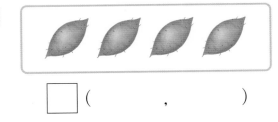
☐ (,   )

17
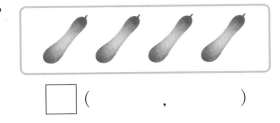
☐ (,   )

22

☐ (,   )

원리   ❷ 6, 7, 8, 9 알기

○ 6, 7, 8, 9

	●●●●● ● `6`	여섯 육
	●●●●● ●● `7`	일곱 칠
	●●●●● ●●● `8`	여덟 팔
	●●●●● ●●●● `9`	아홉 구

> 조심이
>
> 수를 셀 때 육, 일곱, 여덟, 구라 고 하면 안 돼. 여섯, 일곱, 여덟, 아홉 또는 육, 칠, 팔, 구로 세어 야해.

⋮⋮ 그림의 수만큼 ◯를 그리고, 알맞게 이으세요.

1

· `6`

2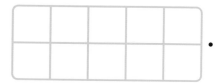

· `7`

3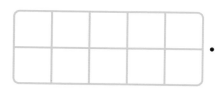

· `8`

4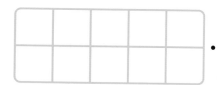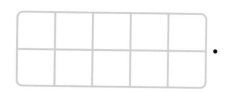

· `9`

✿ 수만큼 색칠하세요.

5

7	○ ○ ○ ○ ○ ○ ○ ○ ○ ○

10

6

6	☆ ☆ ☆ ☆ ☆ ☆ ☆ ☆ ☆ ☆

11

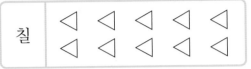

7

8	♥ ♥ ♥ ♥ ♥ ♥ ♥ ♥ ♥ ♥

12

8

13

9

14

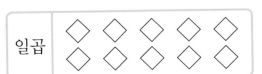

:: 그림을 보고 □ 안에 수를 쓰고, 알맞은 것에 ○표 하세요.

1  □

(여섯 일곱 여덟 아홉)

2  □

(여섯 일곱 여덟 아홉)

3 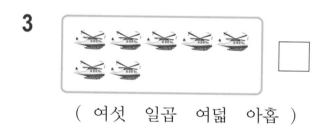 □

(여섯 일곱 여덟 아홉)

4  □

(여섯 일곱 여덟 아홉)

5 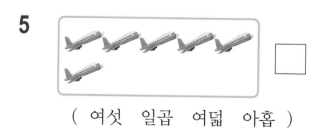 □

(여섯 일곱 여덟 아홉)

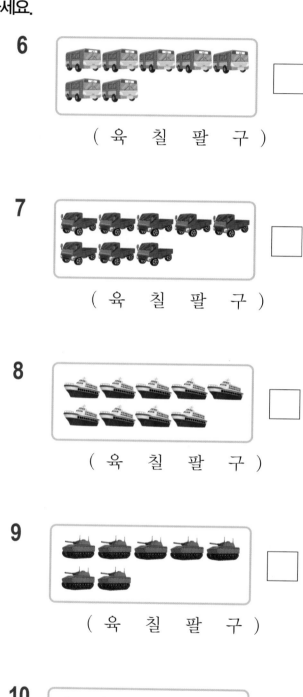

6 □

(육 칠 팔 구)

7 □

(육 칠 팔 구)

8 □

(육 칠 팔 구)

9 □

(육 칠 팔 구)

10  □

(육 칠 팔 구)

:: 그림의 수를 세어 ☐ 안에 써넣고, 그 수를 두 가지 방법으로 읽어 보세요.

11
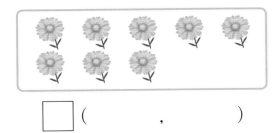

☐ (,)

12
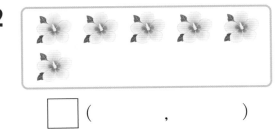

☐ (,)

13
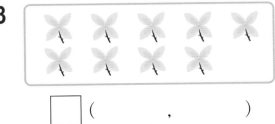

☐ (,)

14
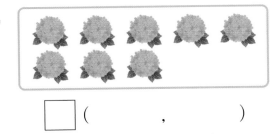

☐ (,)

15

☐ (,)

16
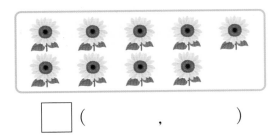

☐ (,)

17
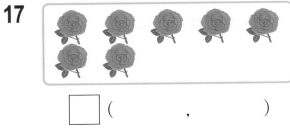

☐ (,)

18
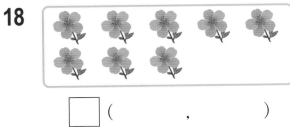

☐ (,)

19
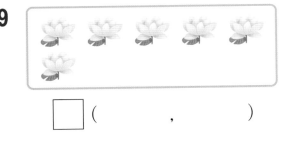

☐ (,)

20
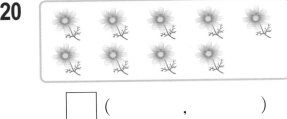

☐ (,)

❸ 몇째 알기

● 기준에 따라 몇째인지 알아보기

I	2	3	4	5	6	7	8	9
첫째	둘째	셋째	넷째	다섯째	여섯째	일곱째	여덟째	아홉째

> 뿡뿡이
>
> 개수를 나타내는 말은 하나, 둘, 셋 …… 또는 일, 이, 삼……이고, 순서를 나타내는 말은 첫째, 둘째, 셋째……야.

:: 순서에 맞게 이으세요.

1

셋째	첫째	넷째	둘째	일곱째	여덟째	다섯째	여섯째	아홉째

2

다섯째	일곱째	둘째	아홉째	여섯째

3

넷째	여섯째	둘째	여덟째	일곱째

:: **왼쪽에서부터 알맞게 색칠하세요.**

4

넷(사)	♣ ♣ ♣ ♣ ♣ ♣ ♣ ♣ ♣
넷째	♣ ♣ ♣ ♣ ♣ ♣ ♣ ♣ ♣

10

둘(이)	☆ ☆ ☆ ☆ ☆ ☆ ☆ ☆ ☆
둘째	☆ ☆ ☆ ☆ ☆ ☆ ☆ ☆ ☆

5

일곱(칠)	△ △ △ △ △ △ △ △ △
일곱째	△ △ △ △ △ △ △ △ △

11

여섯(육)	♤ ♤ ♤ ♤ ♤ ♤ ♤ ♤ ♤
여섯째	♤ ♤ ♤ ♤ ♤ ♤ ♤ ♤ ♤

6

다섯(오)	♤ ♤ ♤ ♤ ♤ ♤ ♤ ♤ ♤
다섯째	♤ ♤ ♤ ♤ ♤ ♤ ♤ ♤ ♤

12

여덟(팔)	◁ ◁ ◁ ◁ ◁ ◁ ◁ ◁ ◁
여덟째	◁ ◁ ◁ ◁ ◁ ◁ ◁ ◁ ◁

7

셋(삼)	○ ○ ○ ○ ○ ○ ○ ○ ○
셋째	○ ○ ○ ○ ○ ○ ○ ○ ○

13

넷(사)	◇ ◇ ◇ ◇ ◇ ◇ ◇ ◇ ◇
넷째	◇ ◇ ◇ ◇ ◇ ◇ ◇ ◇ ◇

8

여덟(팔)	♡ ♡ ♡ ♡ ♡ ♡ ♡ ♡ ♡
여덟째	♡ ♡ ♡ ♡ ♡ ♡ ♡ ♡ ♡

14

아홉(구)	○ ○ ○ ○ ○ ○ ○ ○ ○
아홉째	○ ○ ○ ○ ○ ○ ○ ○ ○

9

아홉(구)	♤ ♤ ♤ ♤ ♤ ♤ ♤ ♤ ♤
아홉째	♤ ♤ ♤ ♤ ♤ ♤ ♤ ♤ ♤

15

다섯(오)	♣ ♣ ♣ ♣ ♣ ♣ ♣ ♣ ♣
다섯째	♣ ♣ ♣ ♣ ♣ ♣ ♣ ♣ ♣

❖ 순서에 맞는 그림을 찾아 ◯표 하세요.

1 왼쪽에서 셋째

2 왼쪽에서 넷째

3 왼쪽에서 아홉째

4 오른쪽에서 둘째

5 오른쪽에서 여섯째

6 위에서 넷째

7 위에서 여덟째

8 아래에서 첫째

9 아래에서 셋째

10 아래에서 일곱째

✤✤ 순서에 맞게 ☐ 안에 수를 써넣으세요.

11

☐	I	☐	☐	☐

12

4	☐	☐	☐	☐

13

2	☐	☐	☐	☐

14

☐	☐	5	☐	☐

15

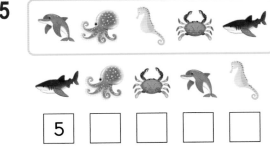

5	☐	☐	☐	☐

16

2	☐	☐	☐	☐

17

☐	☐	I	☐	☐

18

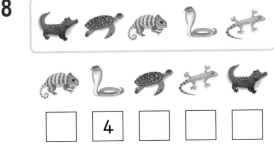

☐	4	☐	☐	☐

❹ 수의 순서 알기

● **수의 순서**

9까지의 수를 순서대로 쓰면 다음과 같습니다.

| 1 | 2 | 3 | 4 | 5 | 6 | 7 | 8 | 9 |

조심이

수를 1부터 순서대로 쓸 때 중간에 빠뜨리는 수가 없도록 주의해야 해!

:: **수를 순서대로 쓰세요.**

1 1 2 3 □ □ □ □ □ □

2 1 □ 3 □ 5 □ 7 □ □

3 □ 2 3 □ □ □ 7 8 □

4 1 □ □ 4 □ □ □ 8 9

5 □ 2 □ □ 5 6 □ □ 9

6 □ □ 3 □ □ 6 7 □ □

수를 순서대로 이으세요.

7

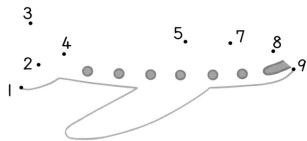

8

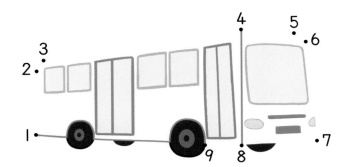

9

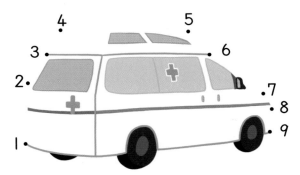

10

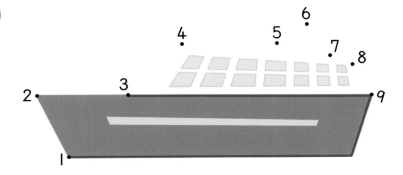

∷ 수를 순서대로 쓰세요.

1

7

2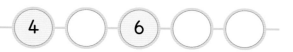

8

3

9

4

10

5

11

6

12

:: 순서를 거꾸로 하여 수를 쓰세요.

13

19

14

20

15

21

16

22

17

23

18

24

❺ 1만큼 더 큰 수와 1만큼 더 작은 수 알기 / 0 알기

◯ 1만큼 더 큰 수와 1만큼 더 작은 수

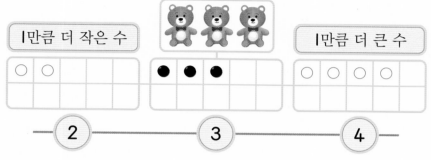

| 1만큼 더 작은 수 | | 1만큼 더 큰 수 |

◉ 0

아무것도 없는 것을 0이라 쓰고 영이라고 읽습니다.

> 뿡뿡이
>
> 수를 1부터 순서대로 쓸 때 수의 왼쪽에 있는 수는 그 수보다 1만큼 더 작은 수, 수의 오른쪽에 있는 수는 그 수보다 1만큼 더 큰 수야.
>
> ② ③ ④
>
> 3보다 1만큼 더 작은 수　3보다 1만큼 더 큰 수

∷ 왼쪽의 그림보다 1만큼 더 큰 수를 나타내는 것에 ◯표 하세요.

1

 ｜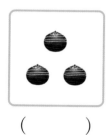

(　　　)　(　　　)　(　　　)

2

 ｜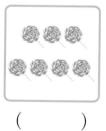

(　　　)　(　　　)　(　　　)

3

 ｜

(　　　)　(　　　)　(　　　)

◈◈ 왼쪽의 수보다 I만큼 더 작은 수를 나타내는 것에 ◯표 하세요.

4

3

(　　　)　　(　　　)　　(　　　)

5

7

(　　　)　　(　　　)　　(　　　)

6

5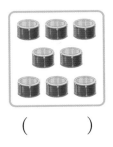

(　　　)　　(　　　)　　(　　　)

7

I

(　　　)　　(　　　)　　(　　　)

8

9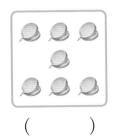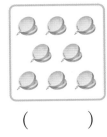

(　　　)　　(　　　)　　(　　　)

:: 빈 곳에 알맞은 수를 써넣으세요.

1

2

3
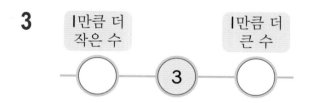

4
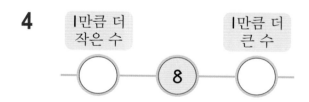

5
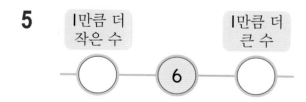

6
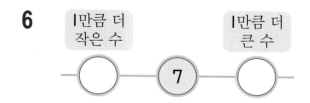

7
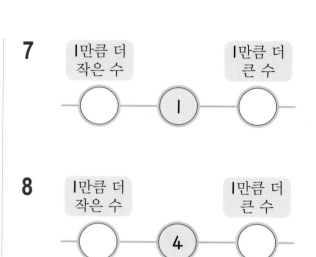

8

9

10

11

12

::□ 안에 알맞은 수를 써넣으세요.

13 I은 [ ]보다 I만큼 더 큰 수입니다.

14 3은 [ ]보다 I만큼 더 큰 수이고, 4보다 I만큼 더 작은 수입니다.

15 6은 5보다 I만큼 더 큰 수이고, [ ]보다 I만큼 더 작은 수입니다.

16 4는 [ ]보다 I만큼 더 큰 수이고, [ ]보다 I만큼 더 작은 수입니다.

17 8은 [ ]보다 I만큼 더 큰 수이고, [ ]보다 I만큼 더 작은 수입니다.

18 [ ]은 6보다 I만큼 더 큰 수이고, 8보다 [ ]만큼 더 작은 수입니다.

원리

❻ 수의 크기 비교하기 ①

○ **수를 세어 크기 비교하기**

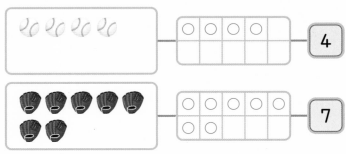

뽕뽕이

수량은 많다, 적다로 비교하지만 수는 크다, 작다로 비교하니까 꼭 기억해.

야구 글러브는 야구공보다 많습니다. ➡ **7**은 **4**보다 큽니다.
야구공은 야구 글러브보다 적습니다. ➡ **4**는 **7**보다 작습니다.

❖ 빈 곳에 알맞은 수를 쓰고, 더 큰 수에 ○표 하세요.

1
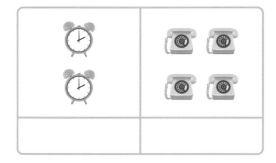

4
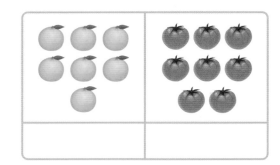

2
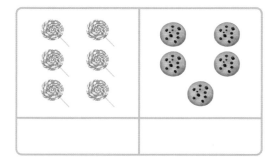

5
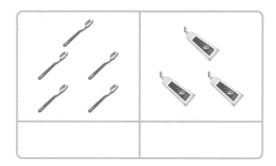

3
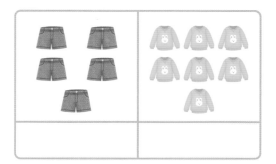

6
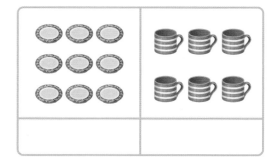

:: **수만큼 색칠하고, 더 작은 수에 △표 하세요.**

7

③

⑥

8

⑨

④

9

⑤

②

10

⑥

⑧

11

⑦

⑥

:: 더 큰 수에 ○표 하세요.

1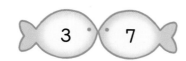

2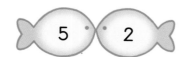

3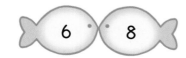

4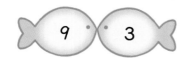

5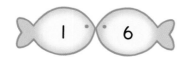

6

7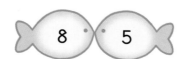

8

:: 더 작은 수에 △표 하세요.

9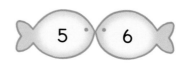

10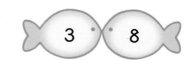

11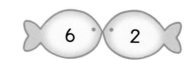

12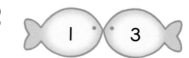

13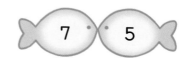

14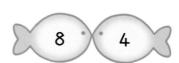

15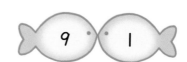

16

:: 수만큼 ◯를 그리고, 두 수의 크기를 비교하세요.

17
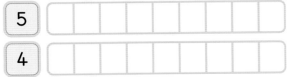

5는 4보다 (큽니다 , 작습니다).
4는 5보다 (큽니다 , 작습니다).

18
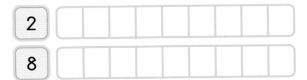

2는 8보다 (큽니다 , 작습니다).
8은 2보다 (큽니다 , 작습니다).

19
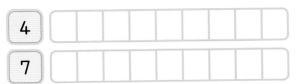

4는 7보다 (큽니다 , 작습니다).
7은 4보다 (큽니다 , 작습니다).

20
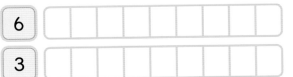

6은 3보다 (큽니다 , 작습니다).
3은 6보다 (큽니다 , 작습니다).

21
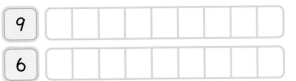

9는 6보다 (큽니다 , 작습니다).
6은 9보다 (큽니다 , 작습니다).

22
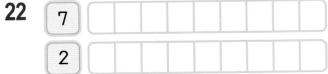

7은 2보다 (큽니다 , 작습니다).
2는 7보다 (큽니다 , 작습니다).

23
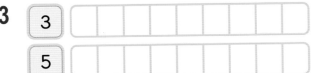

3은 5보다 (큽니다 , 작습니다).
5는 3보다 (큽니다 , 작습니다).

24
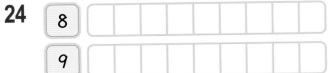

8은 9보다 (큽니다 , 작습니다).
9는 8보다 (큽니다 , 작습니다).

원리

7 수의 크기 비교하기 ②

○ 수의 순서를 이용하여 크기 비교하기

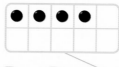 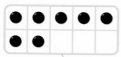

7은 4보다 큽니다. 4는 7보다 작습니다.

> 뿜뿜이
>
> 수를 1부터 순서대로 쓸 때 왼쪽의 수가 오른쪽의 수보다 작아.

⠿ 왼쪽의 수보다 큰 수를 모두 찾아 색칠하세요.

1 |

7 | 1 2 3 4 5 6 7 8 9

2 |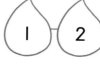

2 | 1 2 3 4 5 6 7 8 9

3 |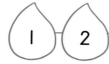

5 | 1 2 3 4 5 6 7 8 9

4 |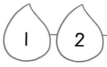

8 | 1 2 3 4 5 6 7 8 9

5 |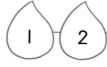

4 | 1 2 3 4 5 6 7 8 9

6 |

6 | 1 2 3 4 5 6 7 8 9

‼ 왼쪽의 수보다 큰 수를 모두 찾아 ◯표 하세요.

7 　4　7　0　1

8 　9　4　5　8

9 　2　8　3　6

10 　6　3　7　2

11 　5　4　9　8

12 　3　7　6　4

‼ 왼쪽의 수보다 작은 수를 모두 찾아 △표 하세요.

13  　5　8　2　0

14 　7　1　6　4

15 　3　5　9　8

16 　4　6　1　7

17 　9　2　3　5

18 　5　8　7　6

❖ 가장 큰 수에 ◯표 하세요.

1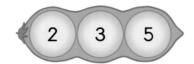

2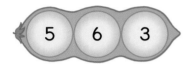

3

4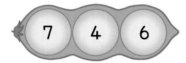

5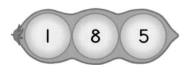

6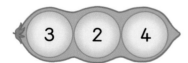

7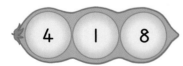

8

❖ 가장 작은 수에 △표 하세요.

9

10

11

12

13

14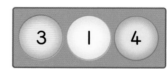

15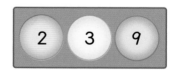

16

:: 가장 큰 수 또는 가장 작은 수를 찾아 ☐ 안에 써넣으세요.

17

가장 큰 수: ☐

18

가장 작은 수: ☐

19

가장 큰 수: ☐

20

가장 작은 수: ☐

21

가장 작은 수: ☐

22

가장 작은 수: ☐

23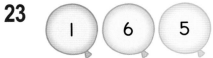

가장 큰 수: ☐

24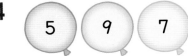

가장 작은 수: ☐

25

가장 큰 수: ☐

26

가장 작은 수: ☐

:: 관계있는 것끼리 선으로 이으세요.

1

 · · 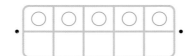 · · ⑤ · · 육

 · · 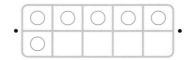 · · ⑨ · · 아홉

 · · 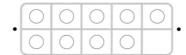 · · ⑥ · · 다섯

2

 · · 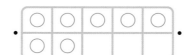 · · ④ · · 일곱

 · ·  · · ⑦ · · 사

 · · 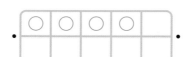 · · ⑧ · · 여덟

3

 · · 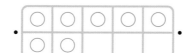 · · ③ · · 칠

 · · 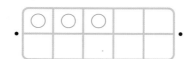 · · ⑤ · · 셋

 · · · · ⑦ · · 오

4 바르게 적힌 길을 찾아 선으로 이으세요.

출발

2

2는 둘 또는 이라고 읽습니다.

진아 소라 민우 정희 상진
1 2 3 4 5
정희는 셋째입니다.

6

6은 여섯 또는 오라고 읽습니다.

진아 소라 민우 정희 상진
1 2 3 4 5
상진이는 다섯째입니다.

노란색은 아래에서 둘째입니다.

진아 소라 민우 정희 상진
1 2 3 4 5
소라는 넷째입니다.

파란색은 아래에서 둘째입니다.

1만큼 더 작은 수   1만큼 더 큰 수
◯ 6 ◯
6보다 1만큼 더 작은 수는 5입니다.

빨간색은 아래에서 둘째입니다.

1만큼 더 작은 수   1만큼 더 큰 수
◯ 6 ◯
6보다 1만큼 더 큰 수는 7입니다.

7은 6보다 큽니다.

9보다 1만큼 더 작은 수는 8입니다.

9 3 7
가장 큰 수는 9입니다.

5는 3보다 작습니다.

7 5 1 8
5보다 큰 수는 7, 8입니다.

9 3 7
가장 작은 수는 7입니다.

7 5 1 8
5보다 작은 수는 1, 5입니다.

5 ☐ 7 8
수를 순서대로 쓰면 빈칸에 6이 들어갑니다.

아무것도 없는 것을 0이라 쓰고 영이라고 읽습니다.

도착

:: 그림의 수를 세어 수만큼 색칠하세요.

1

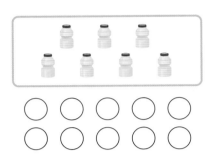

○ ○ ○ ○ ○
○ ○ ○ ○ ○

2

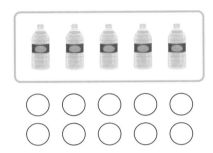

○ ○ ○ ○ ○
○ ○ ○ ○ ○

:: 그림의 수를 세어 □ 안에 알맞은 수를 써넣으세요.

3

 □

4

 □

5

 □

:: 그림의 수를 세어 알맞은 수에 ○표 하세요.

6

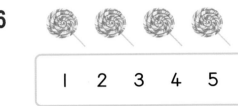

| 1 | 2 | 3 | 4 | 5 |

7

| 5 | 6 | 7 | 8 | 9 |

:: 그림의 수를 세어 두 가지 방법으로 읽어 보세요.

8

□ , □

9

□ , □

10

□ , □

⠿ 왼쪽에서부터 알맞게 색칠하세요.

11

다섯(오)	🍀🍀🍀🍀🍀🍀🍀🍀🍀
다섯째	🍀🍀🍀🍀🍀🍀🍀🍀🍀

12

둘(이)	○○○○○○○○○○
둘째	○○○○○○○○○○

13

아홉(구)	🌙🌙🌙🌙🌙🌙🌙🌙🌙
아홉째	🌙🌙🌙🌙🌙🌙🌙🌙🌙

⠿ 순서에 맞는 그림을 찾아 ○표 하세요.

14
왼쪽에서 여섯째

15
오른쪽에서 셋째

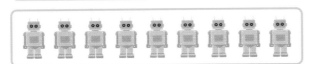

16
오른쪽에서 여덟째

⠿ 수를 순서대로 쓰세요.

17

3 4 ☐ ☐ 7

18

5 ☐ 7 ☐ ☐

19
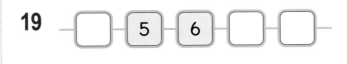
☐ 5 6 ☐ ☐

⠿ 순서를 거꾸로 하여 수를 쓰세요.

20

6 ◯ 4 ◯ 2

21
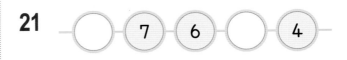
◯ 7 6 ◯ 4

22

◯ ◯ 3 ◯ 1

:: 주어진 수보다 I만큼 더 작은 수가 되도록 색칠하세요.

23

24

25

:: 그림의 수보다 I만큼 더 큰 수와 I만큼 더 작은 수를 빈 곳에 써넣으세요.

26
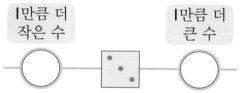

27
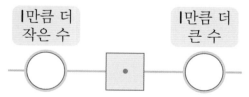

28
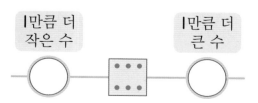

:: 더 큰 수에 ○표 하세요.

29
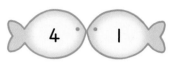

30
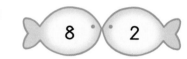

31
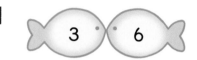

:: 가장 큰 수 또는 가장 작은 수를 찾아 □ 안에 써넣으세요.

32

가장 큰 수: □

33

가장 작은 수: □

34

가장 작은 수: □

2 덧셈

강화

📖 학습 관리 **tip** 맨 앞장의 학습 플래너를 이용하여 학습 스케줄을 관리하도록 하세요!

❶ 9까지의 수가 되는 수 모으기 ①

◎ 두 수를 모아 7 만들기

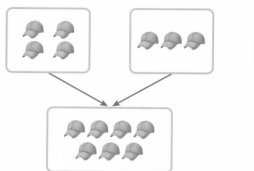

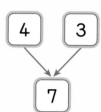

뿡뿡이

내 모자 4개와 동생 모자 3개를 모아 보면 모자는 모두 I, 2, 3, 4, 5, 6, 7이니까 7개가 돼.

∷ 그림을 보고 빈 곳에 알맞은 수를 써넣으세요.

1

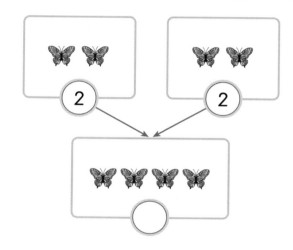

3

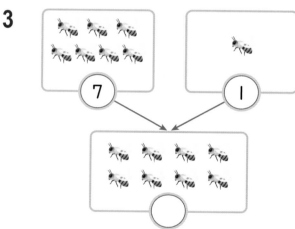

2

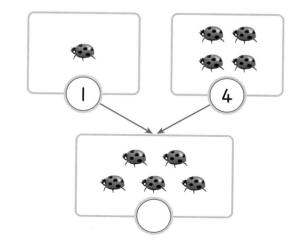

4

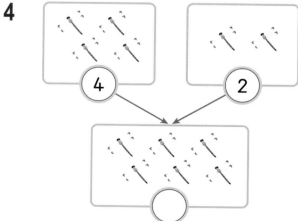

5

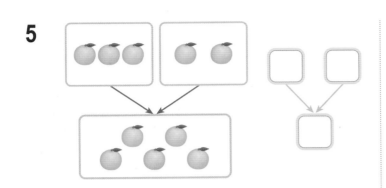

9

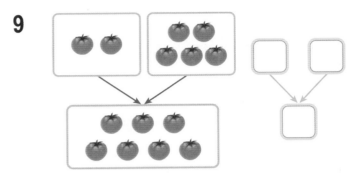

6

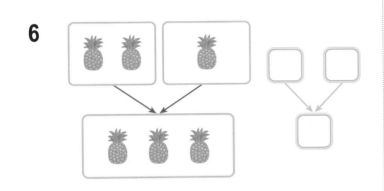

10

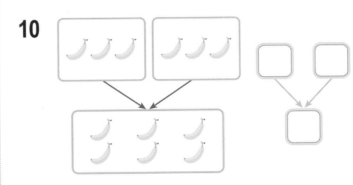

7

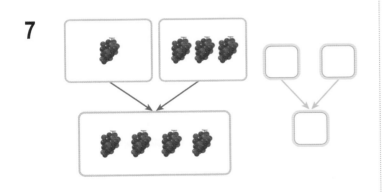

11

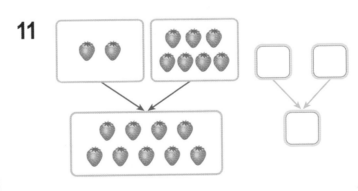

8

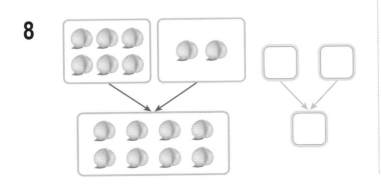

12

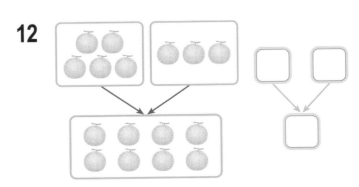

연습 **①** 9까지의 수가 되는 수 모으기 ①

⠿ 빈 곳에 알맞은 수만큼 ◯를 그리고, ◯ 안에 알맞은 수를 써넣으세요.

1

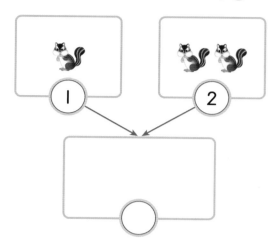

4

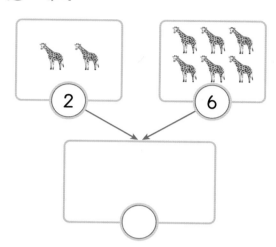

2

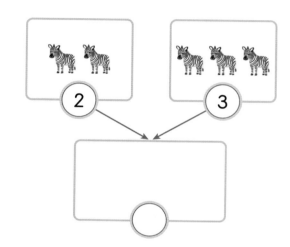

5

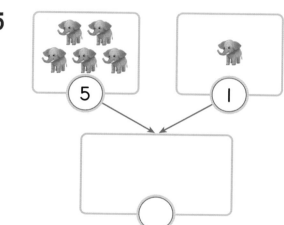

3

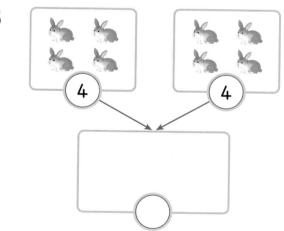

6

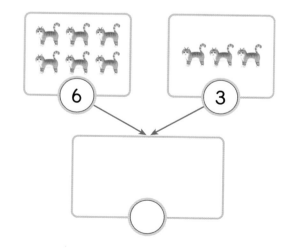

:: 그림을 보고 두 수를 모아 빈 곳에 알맞은 수를 써넣으세요.

2. 덧셈

7

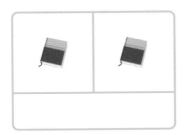

12

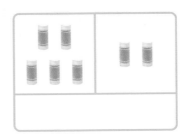

8

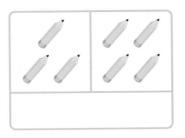

13

9

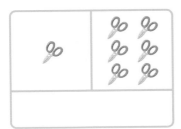

14

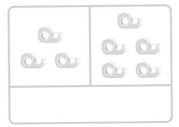

10

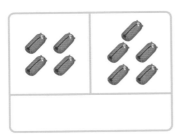

15

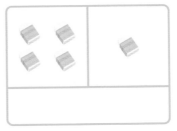

11

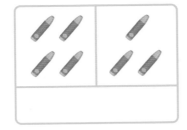

16

❶ 9까지의 수가 되는 수 모으기 ①

:: 그림을 보고 빈 곳에 알맞은 수를 써넣으세요.

1
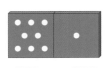

2

3

4
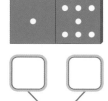

5

6

7

8

⠿ 점을 모아 왼쪽 수가 되는 것에 ◯표 하세요.

9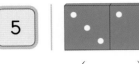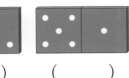
(   )   (   )

10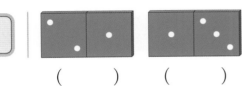
(   )   (   )

11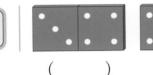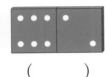
(   )   (   )

12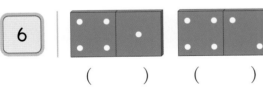
(   )   (   )

13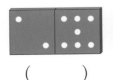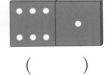
(   )   (   )

14
(   )   (   )

15
(   )   (   )

16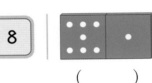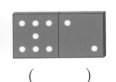
(   )   (   )

17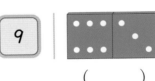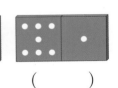
(   )   (   )

18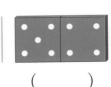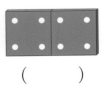
(   )   (   )

◉ 여러 가지 방법으로 두 수를 모아 4 만들기

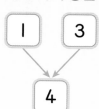 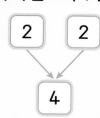 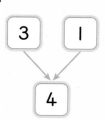

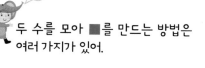

뿅뿅이

두 수를 모아 ■를 만드는 방법은 여러 가지가 있어.

∷ 빈 곳에 알맞은 수를 써넣으세요.

1
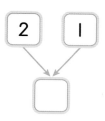

5
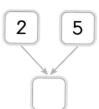

2
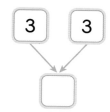

6
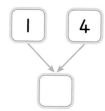

3
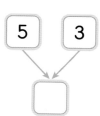

7
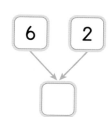

4
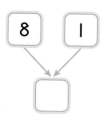

8
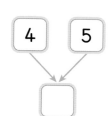

:: 두 수를 모아서 빈 곳에 알맞은 수를 써넣으세요.

9

14

10

15
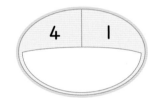

11
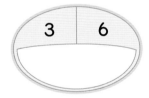

16

12
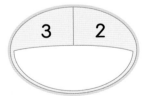

17
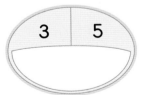

13

18
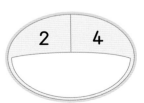

연습

② 9까지의 수가 되는 수 모으기 ②

∷ 빈 곳에 알맞은 수를 써넣으세요.

1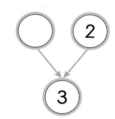

2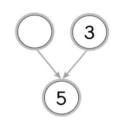

3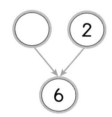

4

5

6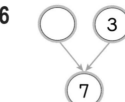

7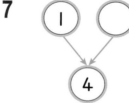

8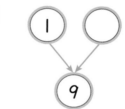

9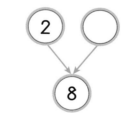

10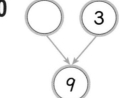

:: 위의 두 수를 모으면 아래의 수가 됩니다. 빈 곳에 알맞은 수를 써넣으세요.

11

16

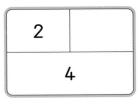

12

5	
6	

17

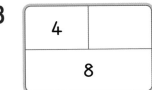

13

5	
9	

18

4	
8	

14

	1
7	

19

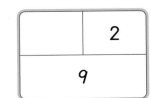

15

3	
8	

20

5	
7	

❷ 9까지의 수가 되는 수 모으기 ②

∷ 빈 곳에 알맞은 수를 써넣으세요.

1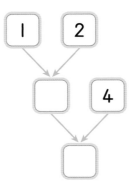

2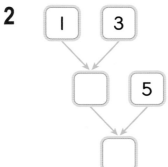

3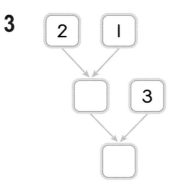

4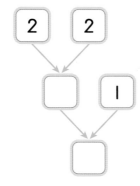

5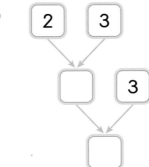

6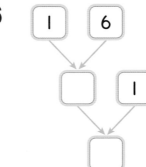

7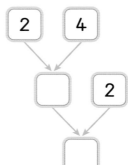

8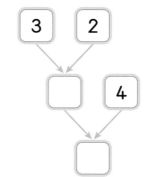

:: 모으기를 하여 ◯ 안의 수가 되도록 두 수를 묶으세요.

9
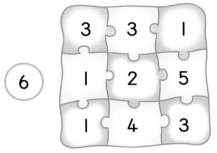

13
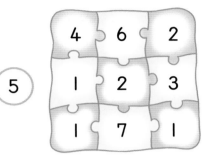

10
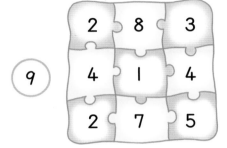

14
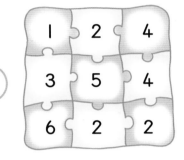

11
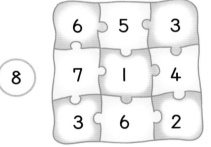

15
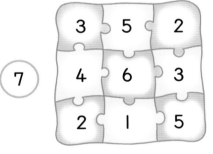

12
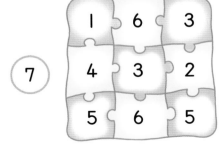

16
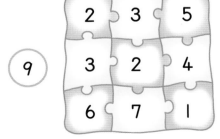

❸ 합이 9까지인 수의 덧셈하기 ①

○ 그림을 이용하여 덧셈하기

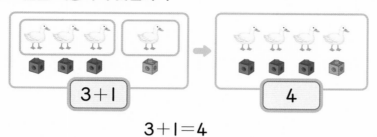

3+1=4

뿅뿅이

3+1=4는 '3 더하기 1은 4와 같습니다.' 또는 '3과 1의 합은 4입니다.'라고 읽어.

∷ 그림에 알맞은 덧셈식을 쓰세요.

1
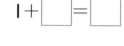

1+□=□

2
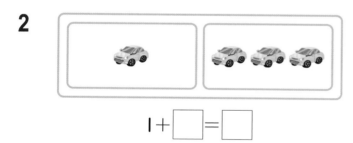

1+□=□

3
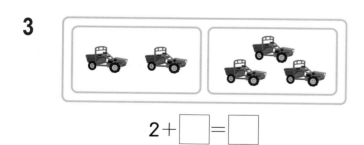

2+□=□

4
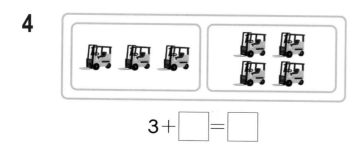

3+□=□

5
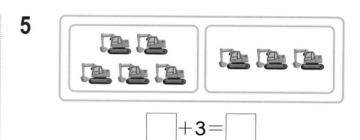

□+3=□

6
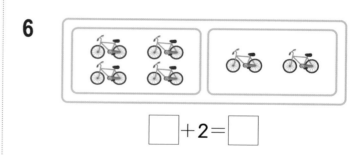

□+2=□

7
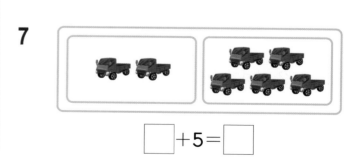

□+5=□

8
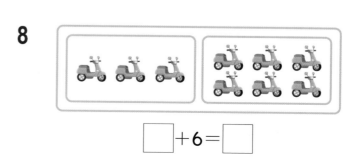

□+6=□

:: 그림에 알맞은 덧셈식을 쓰고, 읽어 보세요.

9

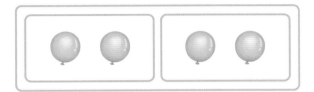

$2+2=\boxed{}$

2 더하기 2는 $\boxed{}$ 와 같습니다.

10

$4+1=\boxed{}$

4 더하기 1은 $\boxed{}$ 와 같습니다.

11

$2+4=\boxed{}$

2 더하기 4는 $\boxed{}$ 과 같습니다.

12

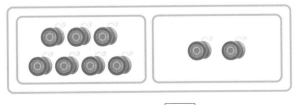

$7+2=\boxed{}$

7 더하기 2는 $\boxed{}$ 와 같습니다.

13

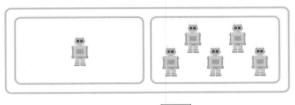

$1+5=\boxed{}$

1과 5의 합은 $\boxed{}$ 입니다.

14

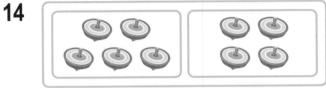

$5+4=\boxed{}$

5와 4의 합은 $\boxed{}$ 입니다.

15

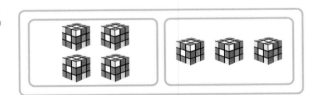

$4+3=\boxed{}$

4와 3의 합은 $\boxed{}$ 입니다.

16

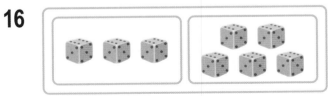

$3+5=\boxed{}$

3과 5의 합은 $\boxed{}$ 입니다.

연습

❸ 합이 9까지인 수의 덧셈하기 ①

❖ 그림을 보고 합만큼 ○를 그리고, 덧셈식을 쓰세요.

1

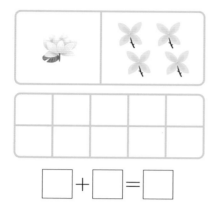

$\square$ + $\square$ = $\square$

4

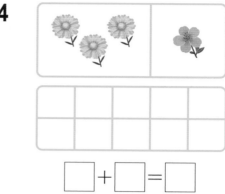

$\square$ + $\square$ = $\square$

2

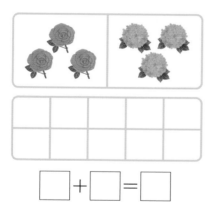

$\square$ + $\square$ = $\square$

5

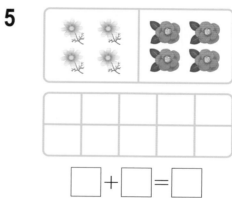

$\square$ + $\square$ = $\square$

3

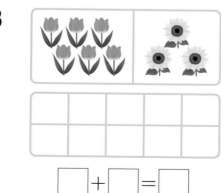

$\square$ + $\square$ = $\square$

6

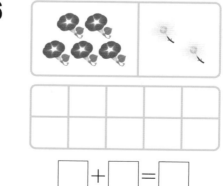

$\square$ + $\square$ = $\square$

✤✤ 그림을 보고 빈 곳에 알맞은 수를 써넣으세요.

7

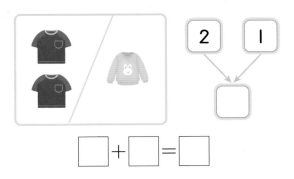

$\square + \square = \square$

8

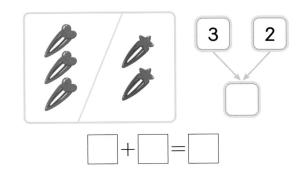

$\square + \square = \square$

9

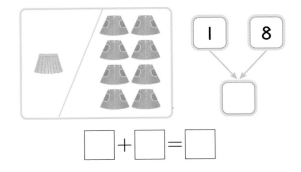

$\square + \square = \square$

10

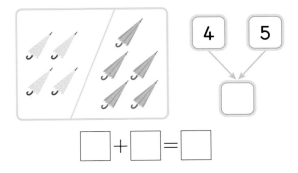

$\square + \square = \square$

11

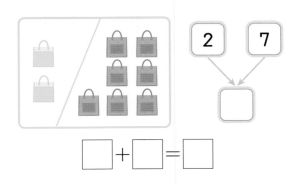

$\square + \square = \square$

12

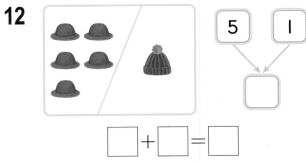

$\square + \square = \square$

13

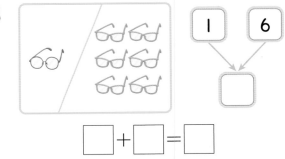

$\square + \square = \square$

14

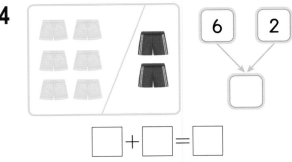

$\square + \square = \square$

❸ 합이 9까지인 수의 덧셈하기 ①

:: 합이 왼쪽의 수가 되는 그림을 찾아 ○표 하고, 덧셈식을 쓰세요.

1

5

(   )

(   )

➡ ☐ + ☐ = ☐

2

8

(   )

(   )

➡ ☐ + ☐ = ☐

3

4

(   )

(   )

➡ ☐ + ☐ = ☐

4

6

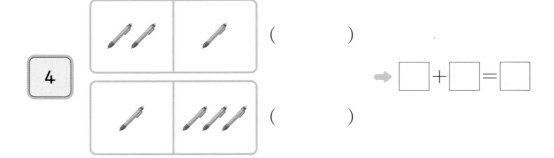

(   )

(   )

➡ ☐ + ☐ = ☐

:: 점의 수를 세어 덧셈식을 쓰세요.

5

1+1=☐

6

7+2=☐

7

3+3=☐

8

1+☐=☐

9

3+☐=☐

10

4+☐=☐

11

☐+5=☐

12

☐+1=☐

13

☐+4=☐

14

☐+☐=☐

15

☐+☐=☐

16

☐+☐=☐

❹ 합이 9까지인 수의 덧셈하기 ②

○ 모으기를 이용하여 덧셈하기

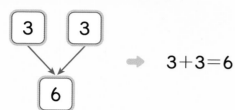

➡ $3+3=6$

뿜뿜이
3과 3을 모으면 6!
3 더하기 3은 6!
3과 3의 합은 6!
모두 같은 말이야.

❀ 빈 곳에 알맞은 수를 쓰고, 덧셈을 하세요.

1

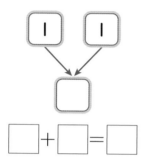

☐ + ☐ = ☐

4

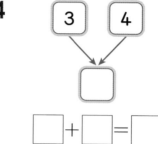

☐ + ☐ = ☐

2

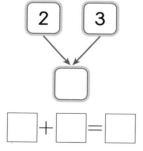

☐ + ☐ = ☐

5

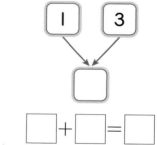

☐ + ☐ = ☐

3

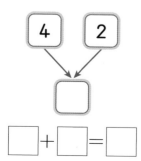

☐ + ☐ = ☐

6

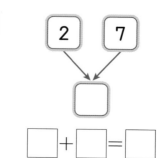

☐ + ☐ = ☐

덧셈을 하세요.

7 $1+2=\square$

8 $2+4=\square$

9 $3+6=\square$

10 $1+7=\square$

11 $3+2=\square$

12 $8+1=\square$

13 $5+2=\square$

14 $7+2=\square$

15 $2+2=\square$

16 $1+6=\square$

17 $4+4=\square$

18 $6+2=\square$

19 $5+4=\square$

20 $1+5=\square$

21 $4+3=\square$

22 $3+5=\square$

덧셈을 하세요.

1 2+1

2 5+3

3 4+5

4 1+4

5 2+6

6 5+1

7 3+3

8 4+1

9 8+1

10 2+7

11 3+1

12 2+5

13 1+8

14 7+1

15 6+1

16 6+3

∷ ☐ 안에 알맞은 수를 써넣으세요.

17 $1+\boxed{}=2$

18 $\boxed{}+2=7$

19 $2+\boxed{}=5$

20 $\boxed{}+2=8$

21 $\boxed{}+1=3$

22 $\boxed{}+2=9$

23 $4+\boxed{}=8$

24 $\boxed{}+4=9$

25 $\boxed{}+2=4$

26 $\boxed{}+2=6$

27 $\boxed{}+3=4$

28 $1+\boxed{}=6$

29 $\boxed{}+3=6$

30 $4+\boxed{}=5$

31 $3+\boxed{}=9$

32 $1+\boxed{}=8$

:: 빈 곳에 알맞은 수를 써넣으세요.

1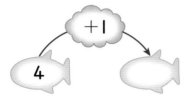

2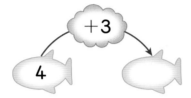

3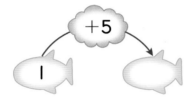

4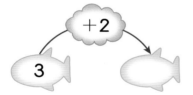

5

6

7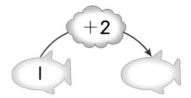

8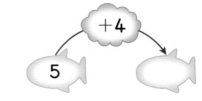

9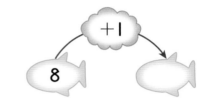

10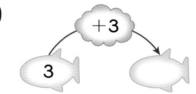

11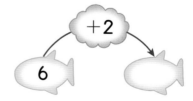

12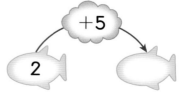

13 합이 9가 되는 덧셈을 따라 미로를 탈출하세요.

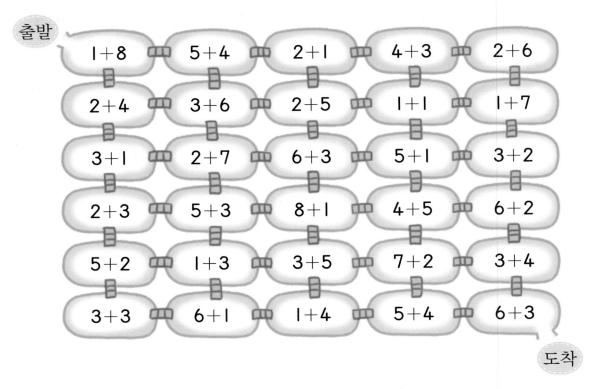

14 합이 8이 되는 덧셈을 따라 미로를 탈출하세요.

:: 그림을 보고 빈 곳에 알맞은 수를 써넣으세요.

1

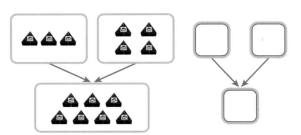

2

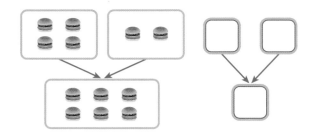

:: 빈 곳에 알맞은 수만큼 ◯를 그리고, ◯ 안에 알맞은 수를 써넣으세요.

3

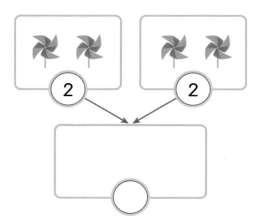

4

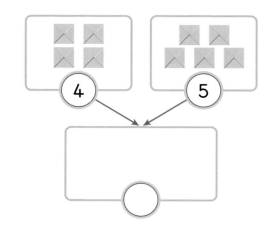

:: 빈 곳에 알맞은 수를 써넣으세요.

5

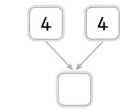

6

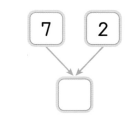

7

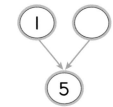

8

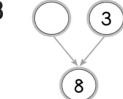

:: 그림에 알맞은 덧셈식을 쓰세요.

9

3+1=☐

10

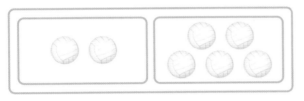

2+5=☐

:: 그림에 알맞은 덧셈식을 쓰고, 읽어 보세요.

11

8+1=☐

8 더하기 1은 ☐ 와 같습니다.

12

3+3=☐

3과 3의 합은 ☐ 입니다.

:: 그림을 보고 합만큼 ◯를 그리고, 덧셈식을 쓰세요.

13

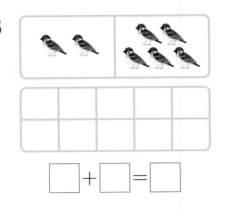

☐+☐=☐

14

☐+☐=☐

:: 그림을 보고 빈 곳에 알맞은 수를 써넣으세요.

15

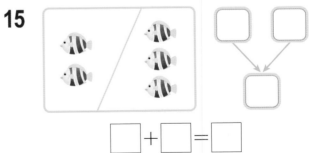

☐+☐=☐

16

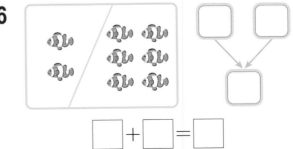

☐+☐=☐

2. 덧셈 **67**

∷ 빈 곳에 알맞은 수를 쓰고, 덧셈을 하세요.

17

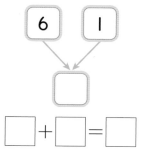

□+□=□

18

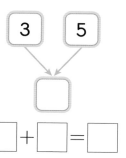

□+□=□

∷ 덧셈을 하세요.

19 3+1=□

20 4+2=□

21 4+5=□

22 5+3=□

∷ 덧셈을 하세요.

23 3+2

24 1+7

25 3+6

26 4+3

∷ □ 안에 알맞은 수를 써넣으세요.

27 5+□=6

28 1+□=3

29 □+4=8

30 □+7=9

강화

3 뺄셈

📖 학습 관리 **tip** 맨 앞장의 학습 플래너를 이용하여 학습 스케줄을 관리하도록 하세요!

❶ 9까지의 수 가르기 ①

○ 6을 두 수로 가르기

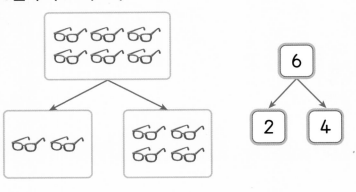

뿡뿡이

안경 6개를 안경 2개와 4개로 가
를 수 있어.

:: 그림을 보고 빈 곳에 알맞은 수를 써넣으세요.

1

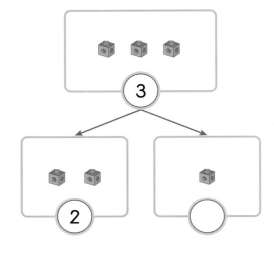

3

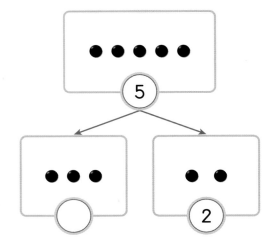

2

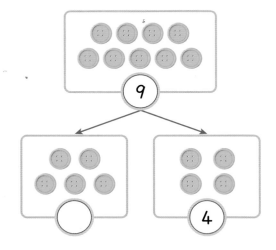

4

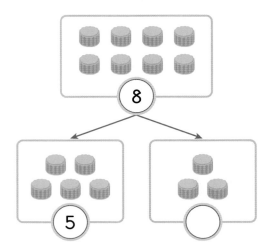

5

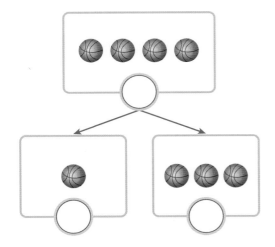

8

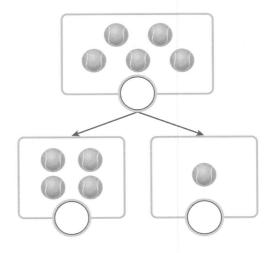

6

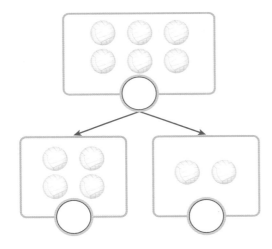

9

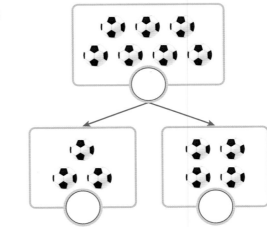

7

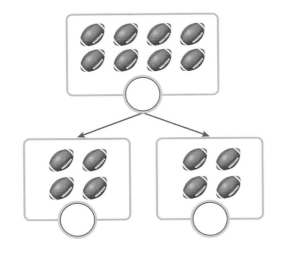

10

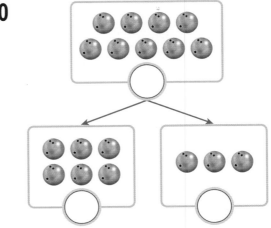

① 9까지의 수 가르기 ①

⠿ 빈 곳에 알맞은 수만큼 ○를 그리고, ◯ 안에 알맞은 수를 써넣으세요.

1

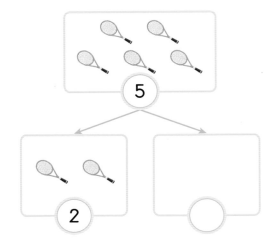

2

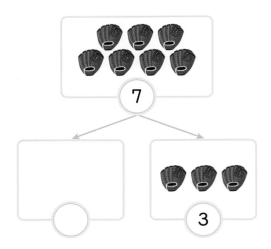

3

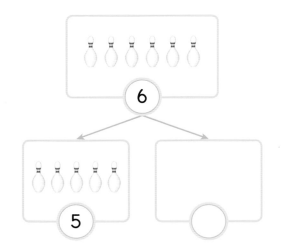

4

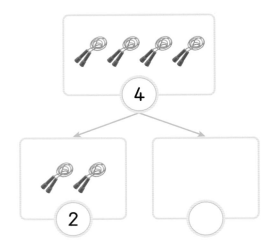

5

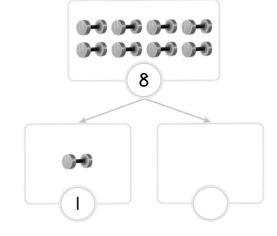

6

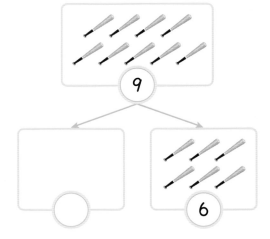

▪▪ 그림을 보고 빈 곳에 알맞은 수를 써넣으세요.

7

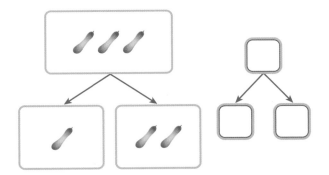

8

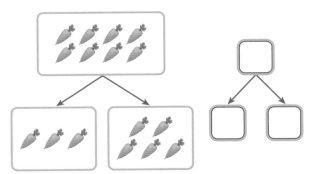

9

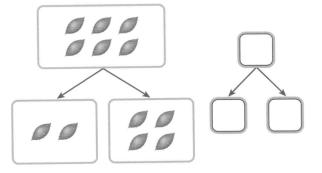

10

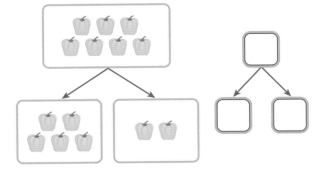

11

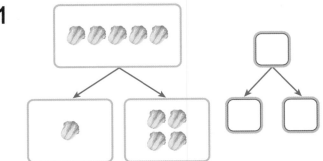

12

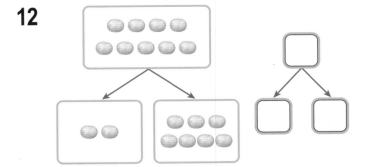

13

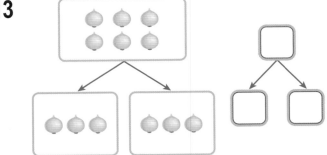

14

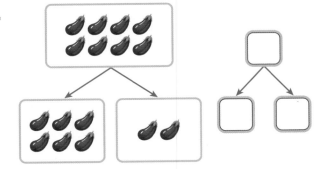

:: 그림을 보고 주어진 수를 두 가지 방법으로 가르기 하세요.

1

4	4
	☐ ☐
	☐ ☐

5

6	6
	☐ ☐
	☐ ☐

2

7	7
	☐ ☐
	☐ ☐

6

8	8
	☐ ☐
	☐ ☐

3

5	5
	☐ ☐
	☐ ☐

7

7	7
	☐ ☐
	☐ ☐

4

9	9
	☐ ☐
	☐ ☐

8

9	9
	☐ ☐
	☐ ☐

⠿ 위의 수를 바르게 가르기 한 것에 ◯표 하세요.

9

( )

( )

12

( )

( )

10

( )

( )

13

( )

( )

11
5

( )

( )

14
8

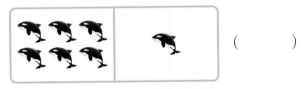

( )

( )

원리

② 9까지의 수 가르기 ②

◎ 여러 가지 방법으로 3을 두 수로 가르기

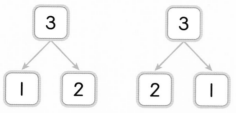

3은 1과 2, 2와 1로 가를 수 있습니다.

조심이

수를 두 수로 가르는 방법이 한 가지라고 생각하지 않도록 주의해.

■■ 빈 곳에 알맞은 수를 써넣으세요.

1
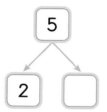

2
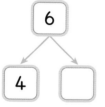

3
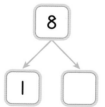

4
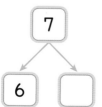

5
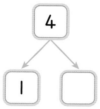

6

7
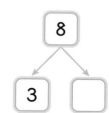

8
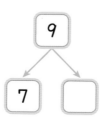

9

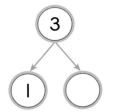

10

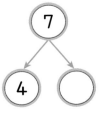

11

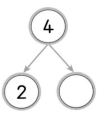

12

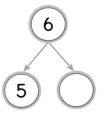

13

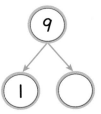

14

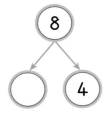

15

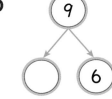

16

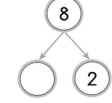

17

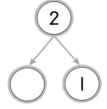

18

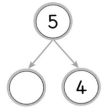

∷ 위의 수를 가르기 하여 빈 곳에 알맞은 수를 써넣으세요.

1

3	
2	

6

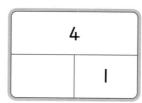

4	
	1

2

5	
3	

7

5	
4	

3

7	
5	

8

9	
	6

4

9	
4	

9

7	
	6

5

8	
5	

10

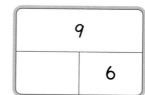

9	
	8

:: 위의 수를 두 가지 방법으로 가르기 하세요.

3. 뺄셈

11
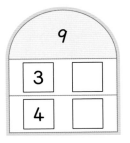

12
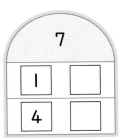

13
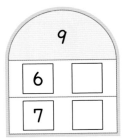

14
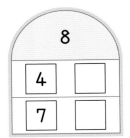

15
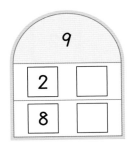

16
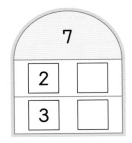

17

18

19
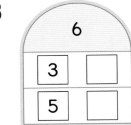

20

❷ 9까지의 수 가르기 ②

:: 왼쪽의 수를 위와 아래의 두 수로 가르기 하여 빈 곳에 알맞은 수를 써넣으세요.

1

6

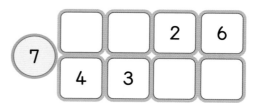

2

7

3

8

4

9

5

10

∷ 빈 곳에 알맞은 수를 써넣으세요.

11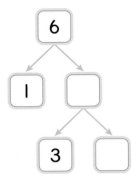

12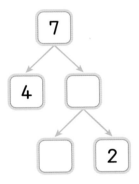

13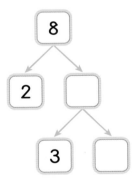

14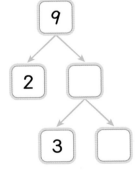

15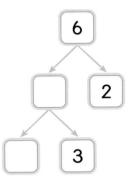

16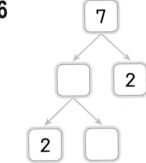

17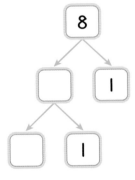

18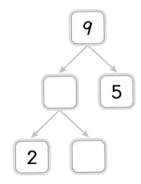

❸ 한 자리 수의 뺄셈하기 ①

○ 그림을 이용하여 뺄셈하기

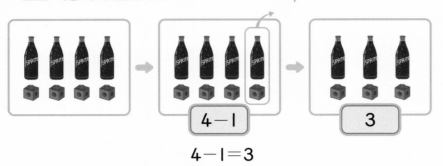

4−1=3

> **뿡뿡이**
>
> 4−1=3은 '4 빼기 1은 3과 같습니다.' 또는 '4와 1의 차는 3입니다.' 라고 읽어.

⠿ **그림에 알맞은 뺄셈식을 쓰세요.**

1

3− ☐ = ☐

2

5− ☐ = ☐

3

7− ☐ = ☐

4

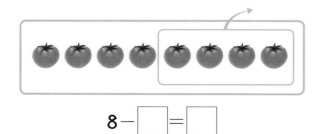

8− ☐ = ☐

5

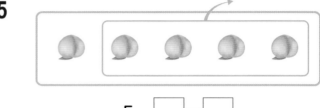

5− ☐ = ☐

6

6− ☐ = ☐

7

4− ☐ = ☐

8

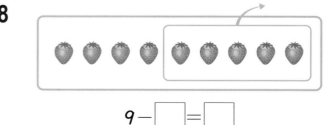

9− ☐ = ☐

:: 그림에 알맞은 뺄셈식을 쓰고, 읽어 보세요.

9

2−1= ☐

2 빼기 1은 ☐ 과 같습니다.

10

7−5= ☐

7 빼기 5는 ☐ 와 같습니다.

11

5−2= ☐

5 빼기 2는 ☐ 과 같습니다.

12

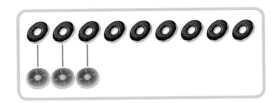

9−3= ☐

9 빼기 3은 ☐ 과 같습니다.

13

6−1= ☐

6과 1의 차는 ☐ 입니다.

14

4−3= ☐

4와 3의 차는 ☐ 입니다.

15

7−6= ☐

7과 6의 차는 ☐ 입니다.

16

8−2= ☐

8과 2의 차는 ☐ 입니다.

:: 그림에 알맞은 간단한 뺄셈 그림을 그리고, 뺄셈식을 쓰세요.

1

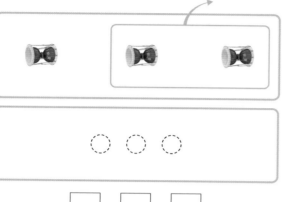

☐ − ☐ = ☐

2

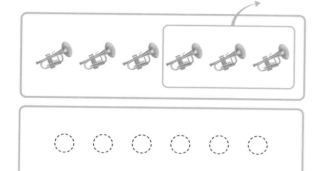

☐ − ☐ = ☐

3

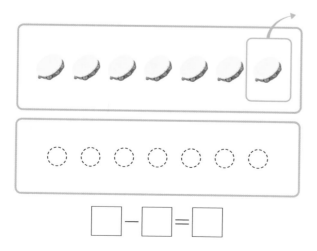

☐ − ☐ = ☐

4

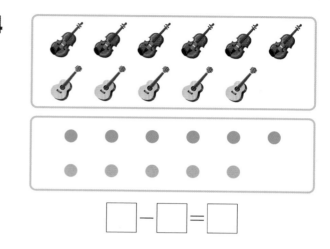

☐ − ☐ = ☐

5

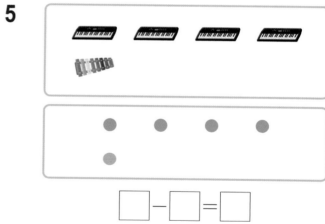

☐ − ☐ = ☐

6

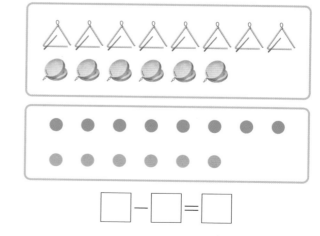

☐ − ☐ = ☐

⠿ 그림을 보고 빈 곳에 알맞은 수를 써넣으세요.

7

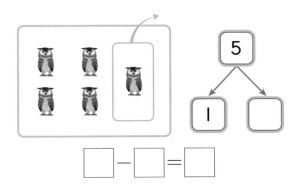

☐ ー ☐ ＝ ☐

8

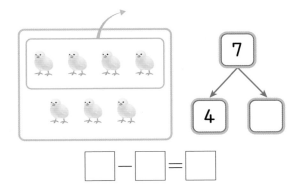

☐ ー ☐ ＝ ☐

9

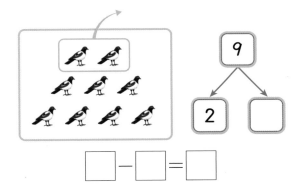

☐ ー ☐ ＝ ☐

10

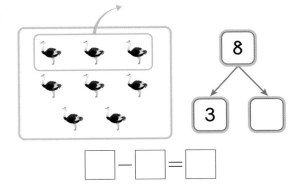

☐ ー ☐ ＝ ☐

11

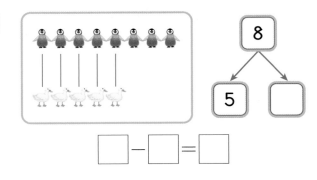

☐ ー ☐ ＝ ☐

12

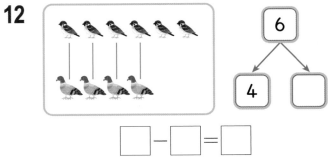

☐ ー ☐ ＝ ☐

13

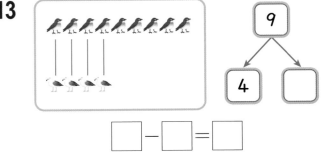

☐ ー ☐ ＝ ☐

14

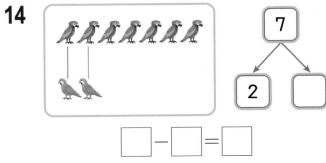

☐ ー ☐ ＝ ☐

❸ 한 자리 수의 뺄셈하기 ①

❖ 그림을 보고 알맞은 뺄셈식을 쓰세요.

1

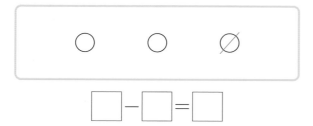

☐ − ☐ = ☐

2

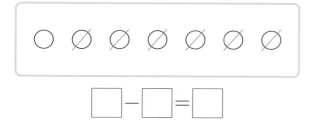

☐ − ☐ = ☐

3

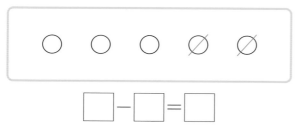

☐ − ☐ = ☐

4

☐ − ☐ = ☐

5

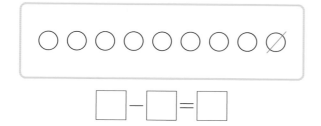

☐ − ☐ = ☐

6

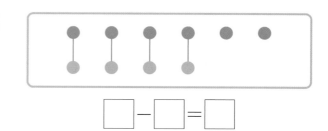

☐ − ☐ = ☐

7

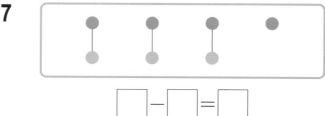

☐ − ☐ = ☐

8

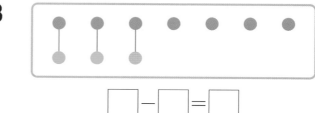

☐ − ☐ = ☐

9

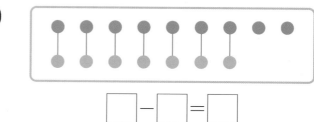

☐ − ☐ = ☐

10

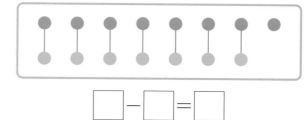

☐ − ☐ = ☐

∷ 식에 알맞은 그림을 그려 뺄셈을 하세요.

11 $4-2=\boxed{}$

12 $7-4=\boxed{}$

13 $6-5=\boxed{}$

14 $9-3=\boxed{}$

15 $8-1=\boxed{}$

16 $5-3=\boxed{}$

17 $9-8=\boxed{}$

18 $7-2=\boxed{}$

19 $8-5=\boxed{}$

20 $9-6=\boxed{}$

❹ 한 자리 수의 뺄셈하기 ②

◉ 가르기를 이용하여 뺄셈하기

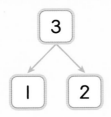

➡ $3-1=2$

뿜뿜이

3은 1과 2로 가를 수 있어. 3은 빼어지는 수로, 1은 빼는 수로, 2는 빼고 남은 수로 하여 뺄셈식으로 나타내면 $3-1=2$야.

:: 빈 곳에 알맞은 수를 쓰고, 뺄셈을 하세요.

1

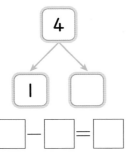

$\square - \square = \square$

4

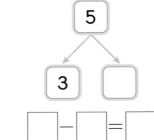

$\square - \square = \square$

2

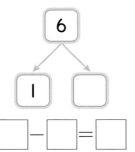

$\square - \square = \square$

5

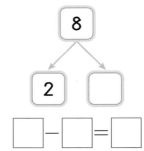

$\square - \square = \square$

3

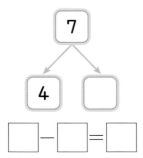

$\square - \square = \square$

6

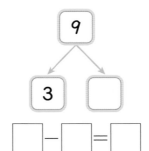

$\square - \square = \square$

▟▛ 뺄셈을 하세요.

7 2−1=□

8 4−2=□

9 6−3=□

10 7−5=□

11 8−4=□

12 9−4=□

13 3−1=□

14 8−5=□

15 5−4=□

16 8−7=□

17 7−3=□

18 5−2=□

19 9−7=□

20 8−3=□

21 9−1=□

22 6−4=□

:: 뺄셈을 하세요.

1   3−2

2   5−1

3   9−2

4   9−8

5   8−1

6   6−5

7   4−3

8   7−1

9   8−3

10   7−6

11   9−6

12   8−6

13   9−1

14   7−2

15   6−2

16   9−5

:: ☐ 안에 알맞은 수를 써넣으세요.

3. 뺄셈

17 $2 - \boxed{} = 1$

18 $5 - \boxed{} = 3$

19 $6 - \boxed{} = 2$

20 $7 - \boxed{} = 4$

21 $9 - \boxed{} = 5$

22 $6 - \boxed{} = 3$

23 $8 - \boxed{} = 3$

24 $6 - \boxed{} = 5$

25 $4 - \boxed{} = 3$

26 $7 - \boxed{} = 5$

27 $9 - \boxed{} = 2$

28 $8 - \boxed{} = 4$

29 $6 - \boxed{} = 1$

30 $3 - \boxed{} = 1$

31 $7 - \boxed{} = 6$

32 $9 - \boxed{} = 3$

:: 빈 곳에 알맞은 수를 써넣으세요.

1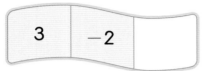

2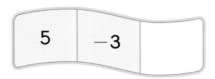

3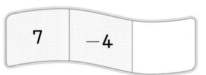

4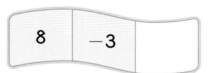

5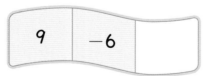

6

7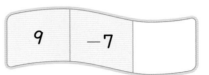

8

9

10

11

12

13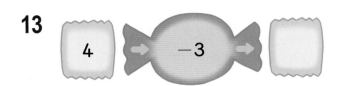

14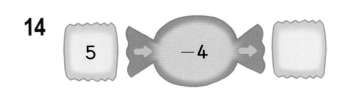

15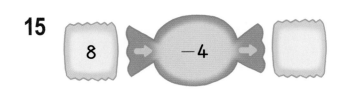

16

17

18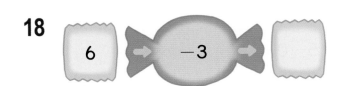

19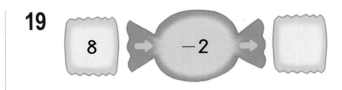

20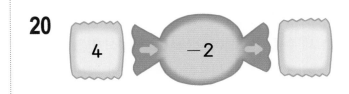

21

22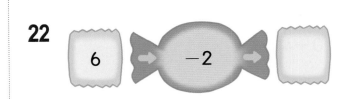

23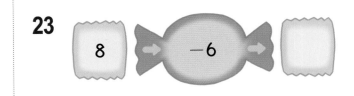

24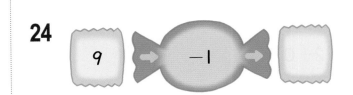

❺ 덧셈과 뺄셈

◎ 0을 더하거나 빼기

- 어떤 수에 0을 더하거나 0에 어떤 수를 더하면 항상 어떤 수가 됩니다.
  ➡ $3+0=3$, $0+3=3$
- 어떤 수에서 0을 빼면 그 값은 변하지 않습니다. ➡ $3-0=3$
- 어떤 수에서 그 전체를 빼면 0이 됩니다. ➡ $3-3=0$

◎ 세 수를 이용하여 덧셈식과 뺄셈식 만들기

㉠ 3, 2, 5를 이용하여 덧셈식과 뺄셈식 만들기
덧셈식: $3+2=5$, $2+3=5$
뺄셈식: $5-3=2$, $5-2=3$

> **뿡뿡이**
> 0은 아무것도 없는 것이니까 0을 더하거나 빼면 그 값이 변하지 않는 거야.

⁛ 덧셈과 뺄셈을 하세요.

1 $1+0$

2 $0+4$

3 $0+7$

4 $8+0$

5 $2+0$

6 $0+6$

7 $1-1$

8 $4-0$

9 $9-9$

10 $7-7$

11 $5-0$

12 $8-0$

□ 안에 ＋와 － 중 알맞은 것을 써넣으세요.

13 2 □ 1 = 3
 2 □ 1 = 1

14 6 □ 3 = 3
 6 □ 3 = 9

15 5 □ 3 = 2
 5 □ 3 = 8

16 7 □ 2 = 9
 7 □ 2 = 5

17 4 □ 1 = 3
 4 □ 1 = 5

18 5 □ 4 = 9
 5 □ 4 = 1

19 3 □ 2 = 1
 3 □ 2 = 5

20 5 □ 2 = 3
 5 □ 2 = 7

21 4 □ 3 = 7
 4 □ 3 = 1

22 8 □ 1 = 7
 8 □ 1 = 9

23 6 □ 2 = 8
 6 □ 2 = 4

24 7 □ 1 = 6
 7 □ 1 = 8

⠿ 그림을 보고 ☐ 안에 알맞은 수를 써넣으세요.

1

$4 + \boxed{} = \boxed{}$

$\boxed{} - 4 = \boxed{}$

6

$5 + \boxed{} = \boxed{}$

$\boxed{} - 2 = \boxed{}$

2

$4 + \boxed{} = \boxed{}$

$\boxed{} - 4 = \boxed{}$

7

$2 + \boxed{} = \boxed{}$

$\boxed{} - 7 = \boxed{}$

3

$5 + \boxed{} = \boxed{}$

$\boxed{} - 5 = \boxed{}$

8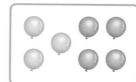

$3 + \boxed{} = \boxed{}$

$\boxed{} - 3 = \boxed{}$

4

$6 + \boxed{} = \boxed{}$

$\boxed{} - 6 = \boxed{}$

9

$7 + \boxed{} = \boxed{}$

$\boxed{} - 1 = \boxed{}$

5

$4 + \boxed{} = \boxed{}$

$\boxed{} - 5 = \boxed{}$

10

$6 + \boxed{} = \boxed{}$

$\boxed{} - 3 = \boxed{}$

세 수를 모두 이용하여 덧셈식과 뺄셈식을 쓰세요.

11

$2 + \boxed{} = \boxed{}$

$\boxed{} - 2 = \boxed{}$

12

$2 + \boxed{} = \boxed{}$

$\boxed{} - 3 = \boxed{}$

13

$3 + \boxed{} = \boxed{}$

$\boxed{} - 3 = \boxed{}$

14

$2 + \boxed{} = \boxed{}$

$\boxed{} - 5 = \boxed{}$

15

$1 + \boxed{} = \boxed{}$

$\boxed{} - 1 = \boxed{}$

16

$3 + \boxed{} = \boxed{}$

$\boxed{} - 6 = \boxed{}$

17

$2 + \boxed{} = \boxed{}$

$\boxed{} - 2 = \boxed{}$

18

$3 + \boxed{} = \boxed{}$

$\boxed{} - 1 = \boxed{}$

19

$2 + \boxed{} = \boxed{}$

$\boxed{} - 6 = \boxed{}$

20

$4 + \boxed{} = \boxed{}$

$\boxed{} - 3 = \boxed{}$

21

$1 + \boxed{} = \boxed{}$

$\boxed{} - 5 = \boxed{}$

22

$1 + \boxed{} = \boxed{}$

$\boxed{} - 1 = \boxed{}$

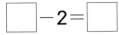

적용 ❺ 덧셈과 뺄셈

❖ 빈 곳에 알맞은 수를 써넣으세요.

1

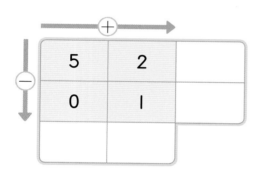

+		
4	3	
4	1	

5

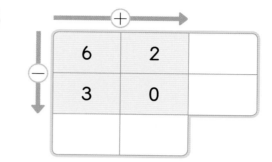

+		
6	2	
3	0	

2

+		
5	2	
0	1	

6

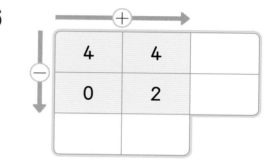

+		
4	4	
0	2	

3

+		
6	3	
4	0	

7

+		
8	1	
2	1	

4

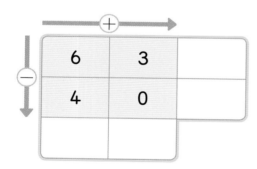

+		
5	3	
4	2	

8

+		
7	2	
3	2	

덧셈과 뺄셈을 하여 계산 결과가 맞는 곳을 따라 목적지에 도착해 보세요.

9
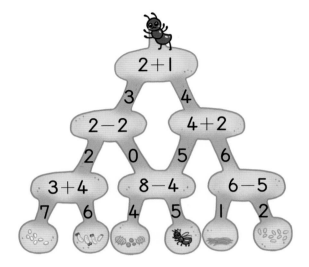

12
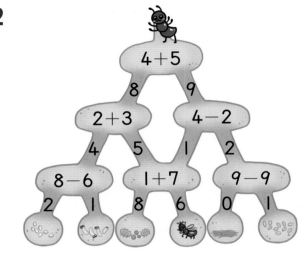

10
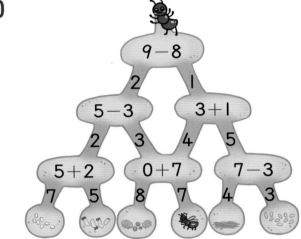

13
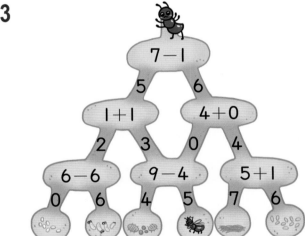

11
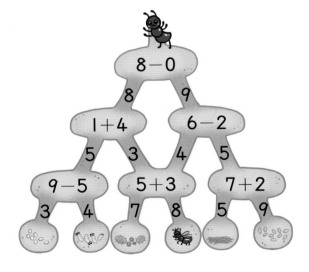

14
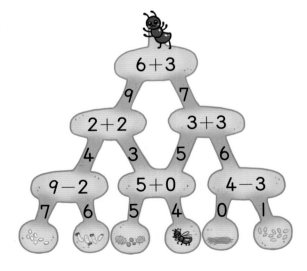

:: 그림을 보고 빈 곳에 알맞은 수를 써넣으세요.

1

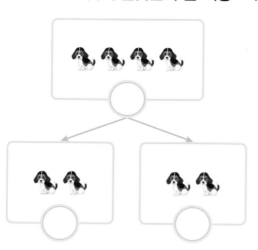

2

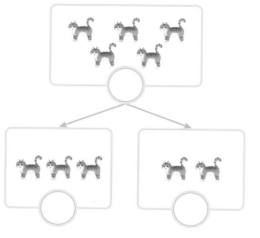

3

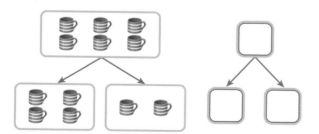

4

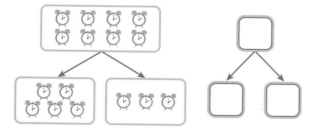

:: 빈 곳에 알맞은 수를 써넣으세요.

5

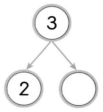

6

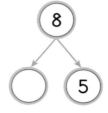

7

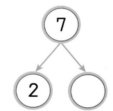

8

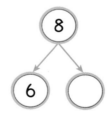

9

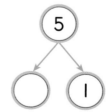

10

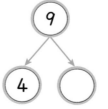

:: 그림에 알맞은 뺄셈식을 쓰세요.

11

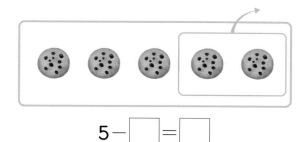

5−☐=☐

12

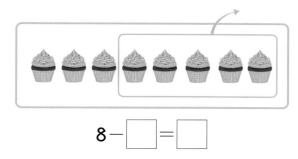

8−☐=☐

:: 그림에 알맞은 뺄셈식을 쓰고, 읽어 보세요.

13

7−4=☐

7 빼기 4는 ☐과 같습니다.

14

5−1=☐

5와 1의 차는 ☐입니다.

:: 빈 곳에 알맞은 수를 쓰고, 뺄셈을 하세요.

15

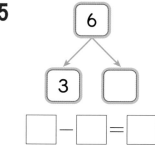

☐−☐=☐

16

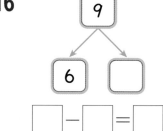

☐−☐=☐

:: 뺄셈을 하세요.

17 4−3=☐

18 9−5=☐

19 6−2=☐

20 8−4=☐

:: 뺄셈을 하세요.

21 8−7

22 7−1

23 5−2

24 9−7

:: 덧셈과 뺄셈을 하세요.

25 5+0

26 7−0

27 0+9

28 8−8

:: □ 안에 ＋와 − 중 알맞은 것을 써넣으세요.

29 ┌ 5 □ 1＝6
       └ 5 □ 1＝4

30 ┌ 2 □ 2＝0
       └ 2 □ 2＝4

:: 세 수를 모두 이용하여 덧셈식과 뺄셈식을 쓰세요.

31  2＋□＝□
        □−2＝□

32 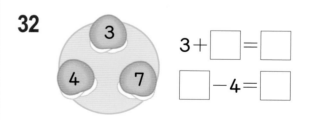 3＋□＝□
        □−4＝□

33 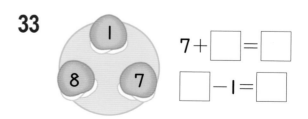 7＋□＝□
        □−1＝□

4 50까지의 수

학습 계획표

학습 내용	원리	연습
❶ 9 다음 수 알기	Day **46**	Day **47**
❷ 십몇 알기	Day **48**	Day **49**
❸ 수 모으기와 가르기	Day **50**	Day **51**
❹ 몇십 알기	Day **52**	Day **53**
❺ 50까지의 수 알기	Day **54**	Day **55**
❻ 50까지의 수의 순서 알기	Day **56**	Day **57**
❼ 수의 크기 비교하기	Day **58**	Day **59**
적용	Day **60**	
평가	Day **61**	

학습관리 **tip** 맨 앞장의 학습 플래너를 이용하여 학습 스케줄을 관리하도록 하세요!

❶ 9 다음 수 알기

○ 9 다음 수

10

십   열

9보다 1만큼 더 큰 수를 10이라고 합니다.

뿡뿡이

1부터 10까지의 수를 순서대로 쓰면 1, 2, 3, 4, 5, 6, 7, 8, 9, 10이야. 그러니까 9 다음 수는 10이지.

∷ 그림을 보고 10개인 것을 찾아 ○표 하세요.

1

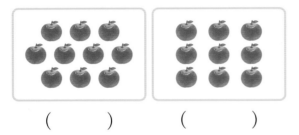

(   )   (   )

2

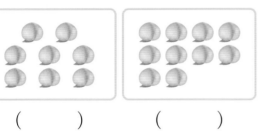

(   )   (   )

3

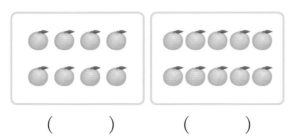

(   )   (   )

4

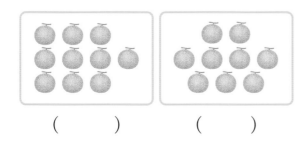

(   )   (   )

5

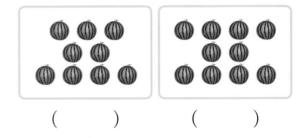

(   )   (   )

6

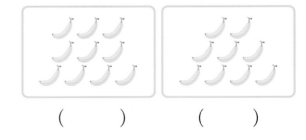

(   )   (   )

7

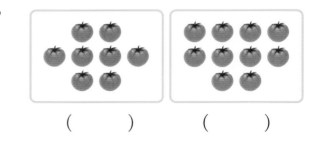

(   )   (   )

8

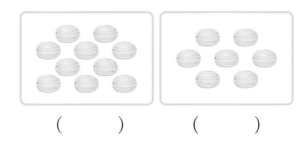

(   )   (   )

그림을 보고 모으기와 가르기를 하세요.

9
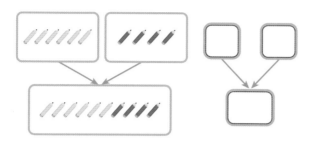

10
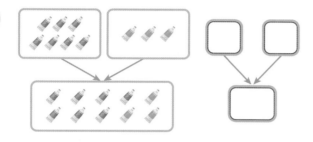

11
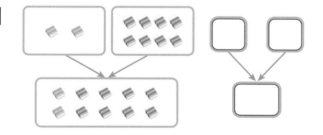

12
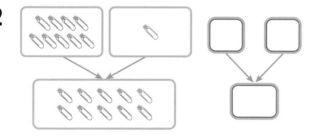

13
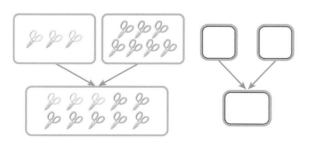

14
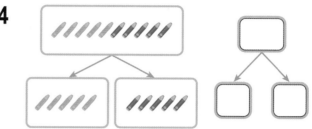

15
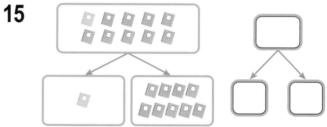

16
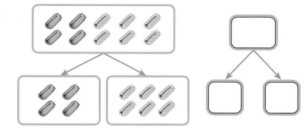

17
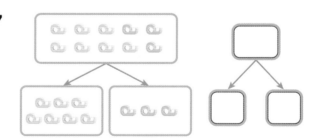

18
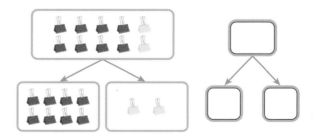

❶ 9 다음 수 알기

:: 빈 곳에 알맞은 수를 써넣으세요.

1
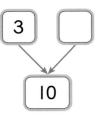

2
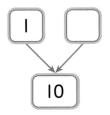

3
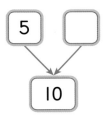

4
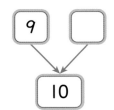

5
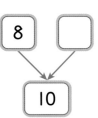

6
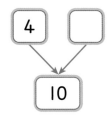

7
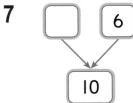

8
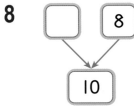

9
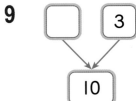

10
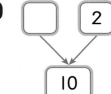

11
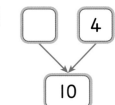

12
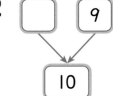

13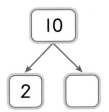

14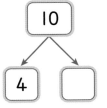

15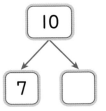

16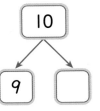

17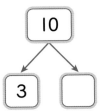

18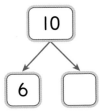

19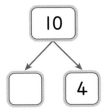

20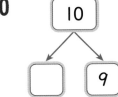

21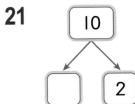

22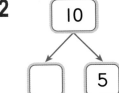

23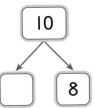

24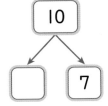

원리

❷ 십몇 알기

○ **십몇**

14

십사   열넷

10개씩 묶음 1개와 낱개 4개를 14라고 합니다.

조심이

14를 읽을 때 '십넷' 또는 '열사' 라고 하면 안 돼.

:: 10개씩 묶고, 수를 세어 □ 안에 써넣으세요.

1  □

2  □

3  □

4  □

5  □

6 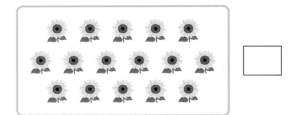 □

7  □

8  □

수를 세어 ☐ 안에 써넣고, 그 수를 두 가지 방법으로 읽어 보세요.

9

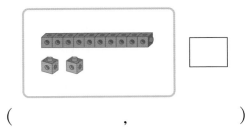

☐

(,   )

13

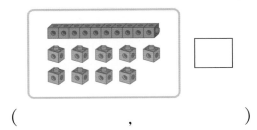

☐

(,   )

10

☐

(,   )

14

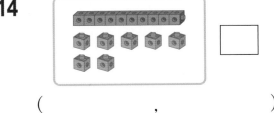

☐

(,   )

11

☐

(,   )

15

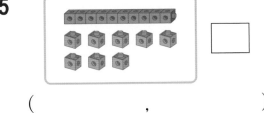

☐

(,   )

12

☐

(,   )

16

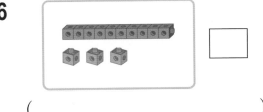

☐

(,   )

연습 ❷ 십몇 알기

빈 곳에 알맞은 수를 써넣으세요.

1
1만큼 더 작은 수		1만큼 더 큰 수
◯	12	◯

2
1만큼 더 작은 수		1만큼 더 큰 수
◯	10	◯

3
1만큼 더 작은 수		1만큼 더 큰 수
◯	15	◯

4
1만큼 더 작은 수		1만큼 더 큰 수
◯	17	◯

5
1만큼 더 작은 수		1만큼 더 큰 수
◯	11	◯

6
1만큼 더 작은 수		1만큼 더 큰 수
◯	18	◯

7
1만큼 더 작은 수		1만큼 더 큰 수
10	◯	12

8
1만큼 더 작은 수		1만큼 더 큰 수
12	◯	14

9
1만큼 더 작은 수		1만큼 더 큰 수
15	◯	17

10
1만큼 더 작은 수		1만큼 더 큰 수
17	◯	19

11
1만큼 더 작은 수		1만큼 더 큰 수
16	◯	18

12
1만큼 더 작은 수		1만큼 더 큰 수
13	◯	15

13

19

14

20

15

21

16

22

17

23

18

24

❸ 수 모으기와 가르기

○ 수 모으기

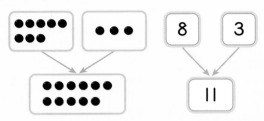

➡ 8부터 이어 세어 보면 아홉, 열, 열하나이므로 8과 3을 모으면 11이 됩니다.

○ 수 가르기

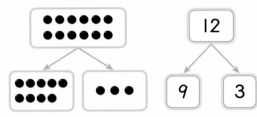

➡ 12는 9와 3으로 가를 수 있습니다.

∷ 그림을 보고 빈 곳에 알맞은 수를 써넣으세요.

1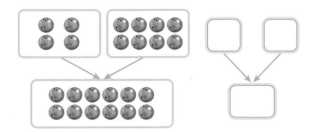

2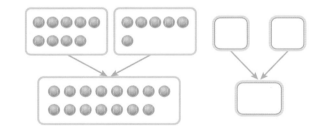

3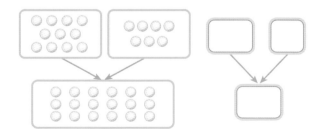

4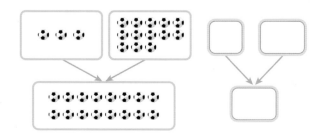

5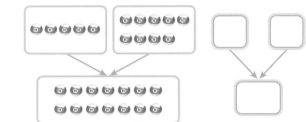

6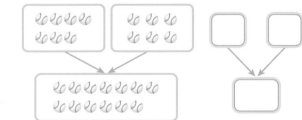

7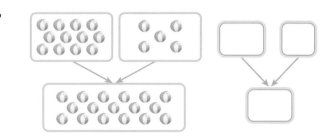

8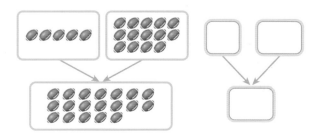

9

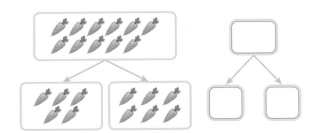

14

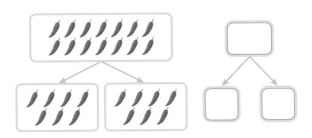

10

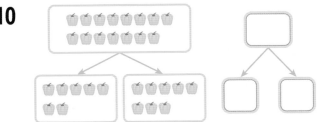

15

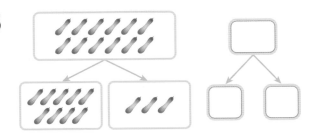

11

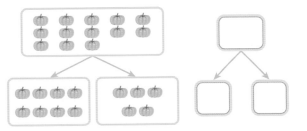

16

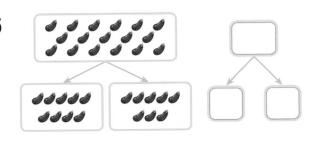

12

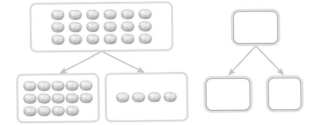

17

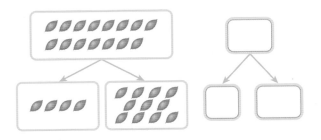

13

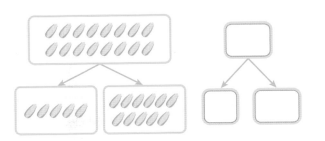

18

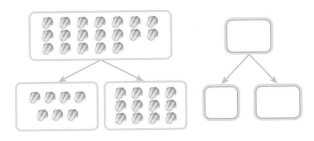

∷ 수 모으기를 하세요.

1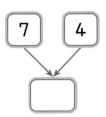

2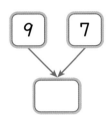

3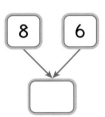

4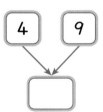

5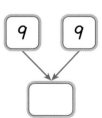

6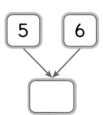

7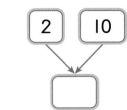

8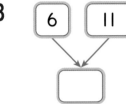

9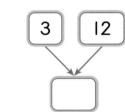

10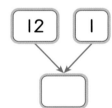

11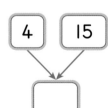

12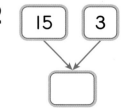

⁛ 수 가르기를 하세요.

13
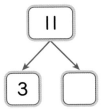

14
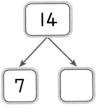

15
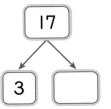

16
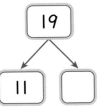

17
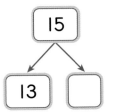

18
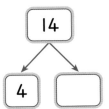

19
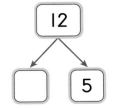

20
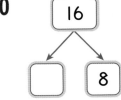

21
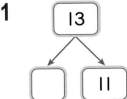

22
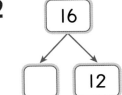

23
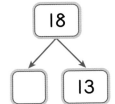

24
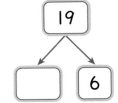

원리

❹ 몇십 알기

○ 몇십

	(막대 2개)	(막대 3개)	(막대 4개)	(막대 5개)
쓰기	20	30	40	50
읽기	이십, 스물	삼십, 서른	사십, 마흔	오십, 쉰

뿡뿡이

10개씩 묶음 ■개를 ■0이라고 해.

:: 수를 세어 ☐ 안에 써넣으세요.

1  ☐

2  ☐

3 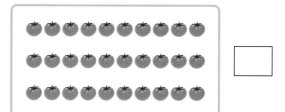 ☐

4 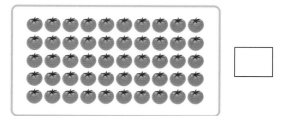 ☐

5  ☐

6  ☐

7  ☐

8  ☐

:: 그림을 보고 ☐ 안에 알맞은 수를 써넣으세요.

9

10개씩 묶음 ☐ 개 ➡ ☐

10

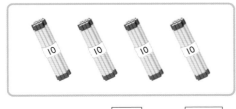

10개씩 묶음 ☐ 개 ➡ ☐

11

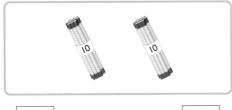

☐ 개씩 묶음 2개 ➡ ☐

12

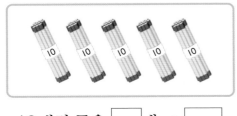

10개씩 묶음 ☐ 개 ➡ ☐

13

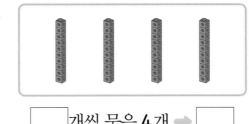

☐ 개씩 묶음 4개 ➡ ☐

14

10개씩 묶음 ☐ 개 ➡ ☐

15

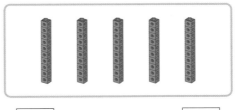

☐ 개씩 묶음 5개 ➡ ☐

16

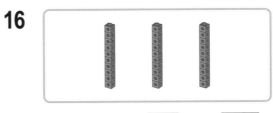

10개씩 묶음 ☐ 개 ➡ ☐

④ 몇십 알기

:: □ 안에 알맞은 수를 써넣으세요.

1 10개씩 묶음 3개 ➡ □

2 10개씩 묶음 2개 ➡ □

3 10개씩 묶음 4개 ➡ □

4 10개씩 묶음 5개 ➡ □

5 10개씩 묶음 □개 ➡ 20

6 10개씩 묶음 □개 ➡ 50

7 10개씩 묶음 □개 ➡ 30

8 10개씩 묶음 □개 ➡ 40

9 □개씩 묶음 □개 ➡ 50

10 □개씩 묶음 □개 ➡ 40

11 □개씩 묶음 □개 ➡ 20

12 □개씩 묶음 □개 ➡ 30

∷ 수를 두 가지 방법으로 읽으려고 합니다. ◯ 안에는 수를, ☐ 안에는 말을 알맞게 써넣으세요.

13
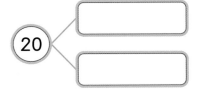

14

15

16
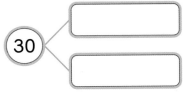

17

18
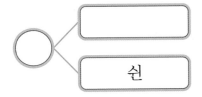

19
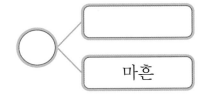

20

21

22

23

24
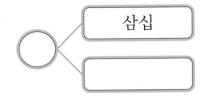

원리

❺ 50까지의 수 알기

◉ **50까지의 수**

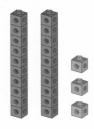

23

이십삼   스물셋

10개씩 묶음 **2**개와 낱개 **3**개를 **23**이라고 합니다.

23을 읽을 때 '이십셋' 또는 '스물삼'이라고 하면 안 돼.

조심이

:: **수를 세어 빈 곳에 써넣으세요.**

1
 ◯

5
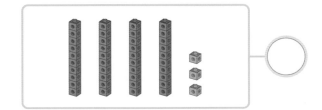 ◯

2
 ◯

6
 ◯

3
 ◯

7
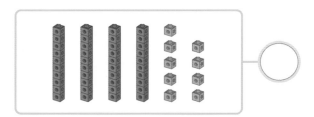 ◯

4
 ◯

8
 ◯

:: 빈 곳에 알맞은 수를 써넣으세요.

9

10개씩 묶음	낱개
2	4

10

10개씩 묶음	낱개
4	8

11

10개씩 묶음	낱개
3	3

12

10개씩 묶음	낱개
2	9

13

10개씩 묶음	낱개
4	6

14

10개씩 묶음	낱개
2	7

15

10개씩 묶음	낱개
3	9

16

10개씩 묶음	낱개
2	1

17

10개씩 묶음	낱개
4	5

18

10개씩 묶음	낱개
3	7

19

10개씩 묶음	낱개
3	2

20

10개씩 묶음	낱개
4	4

⁛ 수를 두 가지 방법으로 읽어 보세요.

1
48

7
35

2
34

8
22

3
42

9
46

4
25

10
31

5
33

11
27

6
29

12
44

❖ 빈 곳에 알맞은 수를 써넣으세요.

13

수	10개씩 묶음	낱개
	2	8

14

수	10개씩 묶음	낱개
	4	3

15

수	10개씩 묶음	낱개
	3	6

16

수	10개씩 묶음	낱개
	4	7

17

수	10개씩 묶음	낱개
33	3	

18

수	10개씩 묶음	낱개
24	2	

19

수	10개씩 묶음	낱개
46	4	

20

수	10개씩 묶음	낱개
21	2	

21

수	10개씩 묶음	낱개
32		2

22

수	10개씩 묶음	낱개
25		5

23

수	10개씩 묶음	낱개
38		8

24

수	10개씩 묶음	낱개
49		9

❻ 50까지의 수의 순서 알기

◉ 50까지의 수의 순서

1	2	3	4	5	6	7	8	9	10
11	12	13	14	15	16	17	18	19	20
21	22	23	24	25	26	27	28	29	30
31	32	33	34	35	36	37	38	39	40
41	42	43	44	45	46	47	48	49	50

➡ 수를 순서대로 썼을 때 바로 앞의 수는 1만큼 더 작은 수이고 바로 뒤의 수는 1만큼 더 큰 수입니다.

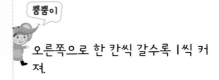
뿅뿅이
오른쪽으로 한 칸씩 갈수록 1씩 커져.

⸭⸭ 수를 순서대로 쓸 때 빈 곳에 알맞은 수를 써넣으세요.

1
22 □ 24

6
29 □ 31

2
33 □ 35

7
36 □ 38

3
45 □ 47

8
24 □ 26

4
20 □ 22

9
41 □ 43

5
48 □ 50

10
37 □ 39

빈 곳에 알맞은 수를 써넣으세요.

11

12

13

14

15

16

17

18

19

20

21

22

❖❖ 순서에 맞게 빈 곳에 알맞은 수를 써넣으세요.

1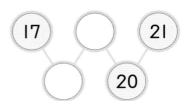

2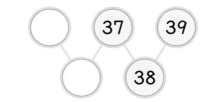

3

4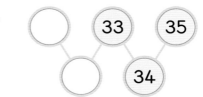

5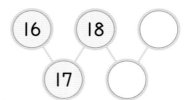

6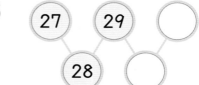

7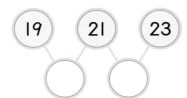

8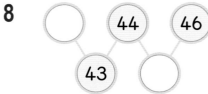

9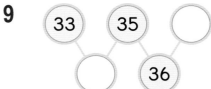

10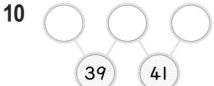

11

12

:: 순서를 생각하며 빈 곳에 알맞은 수를 써넣으세요.

13

1	2	3	
		7	8
9		11	12
13	14		16

17

	20	21	
23	24	25	26
27			30
31		33	34

14

8	9		11
12		14	15
16		18	
20	21	22	

18

	25	26	27
28	29		31
32	33		35
	37	38	

15

10		12	13
	15	16	17
18	19		
22		24	25

19

		32	33
34	35	36	37
38		40	
	43	44	45

16

15	16	17	
19		21	22
23	24		26
27	28		

20

35		37	38
	40	41	42
43	44		46
47		49	

○ 두 수의 크기 비교

39 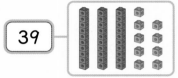  41

뿡뿡이

10개씩 묶음의 수가 클수록 큰 수이고, 10개씩 묶음의 수가 같을 때는 낱개의 수가 클수록 큰 수야.

• 39는 41보다 작습니다.
• 41은 39보다 큽니다.

□ 안에 알맞은 수를 써넣으세요.

1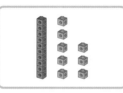

□ 은/는 □ 보다 큽니다.

2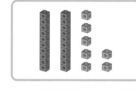

□ 은/는 □ 보다 큽니다.

3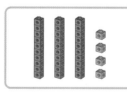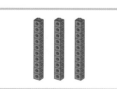

□ 은/는 □ 보다 큽니다.

4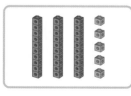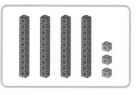

□ 은/는 □ 보다 큽니다.

5

□ 은/는 □ 보다 작습니다.

6

□ 은/는 □ 보다 작습니다.

7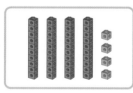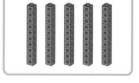

□ 은/는 □ 보다 작습니다.

8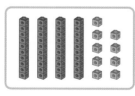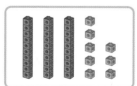

□ 은/는 □ 보다 작습니다.

⠿ 더 큰 수에 ◯표 하세요.

9

12	16

10

24	19

11

46	39

12

44	47

13

29	23

14

28	32

15

22	49

16

35	31

⠿ 더 작은 수에 △표 하세요.

17

21	27

18

26	33

19

39	34

20

14	20

21

48	41

22

43	28

23

50	45

24

18	35

❚❚ 가장 큰 수에 ○표 하세요.

1
| 25 | 15 | 35 |

2
| 44 | 40 | 39 |

3
| 30 | 50 | 49 |

4
| 25 | 20 | 22 |

5
| 12 | 18 | 17 |

6
| 16 | 29 | 41 |

7
| 28 | 14 | 25 |

8
| 27 | 35 | 17 |

❚❚ 가장 작은 수에 △표 하세요.

9
| 30 | 35 | 31 |

10
| 40 | 50 | 20 |

11
| 36 | 23 | 28 |

12
| 22 | 42 | 30 |

13
| 19 | 14 | 26 |

14
| 24 | 35 | 19 |

15
| 29 | 15 | 33 |

16
| 37 | 48 | 41 |

:: 큰 수부터 순서대로 쓰세요.

17

| 18 | 33 | 21 | 47 | 29 |

(,   ,   ,   ,   )

18

| 45 | 28 | 16 | 34 | 20 |

(,   ,   ,   ,   )

19

| 15 | 43 | 48 | 27 | 39 |

(,   ,   ,   ,   )

20

| 35 | 30 | 24 | 46 | 17 |

(,   ,   ,   ,   )

21

| 37 | 41 | 12 | 50 | 26 |

(,   ,   ,   ,   )

:: 작은 수부터 순서대로 쓰세요.

22

| 26 | 45 | 35 | 16 | 24 |

(,   ,   ,   ,   )

23

| 22 | 38 | 14 | 40 | 19 |

(,   ,   ,   ,   )

24

| 30 | 11 | 42 | 32 | 23 |

(,   ,   ,   ,   )

25

| 17 | 49 | 25 | 50 | 36 |

(,   ,   ,   ,   )

26

| 31 | 44 | 36 | 13 | 25 |

(,   ,   ,   ,   )

4. 50까지의 수

관계있는 것끼리 선으로 이으세요.

1

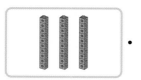

· 40 ·   · 쉰

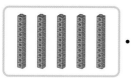

· 30 ·   · 서른

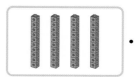

· 50 ·   · 사십

2

· 38 ·   · 서른여덟

· 21 ·   · 십오

· 15 ·   · 이십일

3

· 37 ·   · 마흔넷

· 44 ·   · 삼십칠

· 19 ·   · 열아홉

◦◦ 왼쪽의 수보다 큰 수를 모두 찾아 ○표 하세요.

4 28 | 30 27 19 43

5 34 | 15 39 26 40

6 26 | 28 25 44 17

7 45 | 46 42 43 49

8 21 | 22 50 20 16

9 18 | 11 20 37 14

10 40 | 25 29 41 48

11 37 | 18 47 31 42

◦◦ 왼쪽의 수보다 작은 수를 모두 찾아 △표 하세요.

12 27 | 20 32 28 15

13 25 | 34 24 44 14

14 42 | 49 40 35 50

15 35 | 23 17 36 44

16 17 | 16 24 12 36

17 20 | 21 29 11 18

18 30 | 27 31 43 29

19 38 | 42 19 40 22

:: 빈 곳에 알맞은 수를 써넣으세요.

1
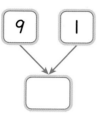

9 1

2
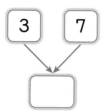

3 7

3
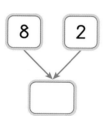

8 2

4
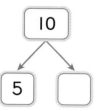

10

5 ☐

5
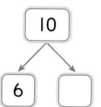

10

6 ☐

6
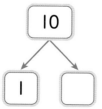

10

1 ☐

:: 수를 세어 ☐ 안에 써넣고, 그 수를 두 가지 방법으로 읽어 보세요.

7

(,   )

8
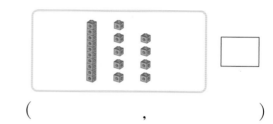

(,   )

9

(,   )

:: 빈 곳에 알맞은 수를 써넣으세요.

10

1만큼 더 작은 수   1만큼 더 큰 수

◯ 16 ◯

11

1만큼 더 작은 수   1만큼 더 큰 수

14 ◯ 16

12

1만큼 더 작은 수   1만큼 더 큰 수

◯ 13 ◯

:: 수 모으기를 하세요.

13
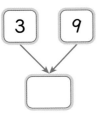

14
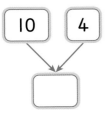

15
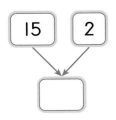

:: 수 가르기를 하세요.

16
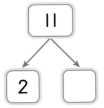

17
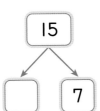

18
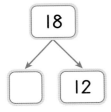

:: 빈 곳에 알맞은 수를 써넣으세요.

19

10개씩 묶음 4개

20

10개씩 묶음 2개

21

10개씩 묶음 5개

:: 수를 두 가지 방법으로 읽어 보세요.

22

50

(,   )

23
30

(,   )

24
40

(,   )

빈 곳에 알맞은 수를 써넣으세요.

25

10개씩 묶음	낱개
3	8

26

10개씩 묶음	낱개
2	5

27

10개씩 묶음	낱개
4	7

빈 곳에 알맞은 수를 써넣으세요.

28

1만큼 더 작은 수		1만큼 더 큰 수
	41	

29

1만큼 더 작은 수		1만큼 더 큰 수
	21	

30

1만큼 더 작은 수		1만큼 더 큰 수
	49	

더 큰 수에 ○표 하세요.

31

41	44

32

36	27

33

29	30

가장 큰 수 또는 가장 작은 수를 찾아 쓰세요.

34

가장 큰 수:

35

가장 작은 수:

36

가장 작은 수:

바른 계산, 빠른 연산!

초능력 수학 연산 1·1

정답 및 풀이

동아출판

차례

정답 및 풀이

1 9까지의 수

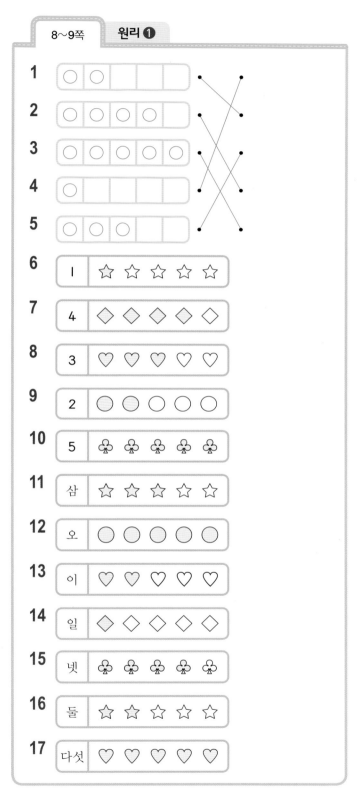

원리 ① (8~9쪽)

5 배구공을 하나씩 짚어 가며 세어 보면 하나, 둘, 셋이므로 ○를 3개 그립니다.
배구공의 수가 셋이므로 수로 나타내면 3입니다.

16 둘은 2이므로 2개를 색칠합니다.

17 다섯은 5이므로 5개를 색칠합니다.

연습 ① (10~11쪽)

1 3 / 셋		**12** 3 / 삼
2 4 / 넷		**13** 2 / 둘, 이
3 5 / 다섯		**14** 3 / 셋, 삼
4 2 / 둘		**15** 1 / 하나, 일
5 1 / 하나		**16** 5 / 다섯, 오
6 4 / 넷		**17** 4 / 넷, 사
7 1 / 일		**18** 3 / 셋, 삼
8 3 / 삼		**19** 1 / 하나, 일
9 2 / 이		**20** 5 / 다섯, 오
10 5 / 오		**21** 4 / 넷, 사
11 4 / 사		**22** 2 / 둘, 이

1 연필의 수는 하나, 둘, 셋이므로 3입니다.

2 풀의 수는 하나, 둘, 셋, 넷이므로 4입니다.

3 지우개의 수는 하나, 둘, 셋, 넷, 다섯이므로 5입니다.

4 크레파스의 수는 하나, 둘이므로 2입니다.

5 컴퍼스의 수는 하나이므로 1입니다.

6 붓의 수는 하나, 둘, 셋, 넷이므로 4입니다.

10 필통의 수는 5이므로 오에 ○표 합니다.

11 가방의 수는 4이므로 사에 ○표 합니다.

12 테이프의 수는 3이므로 삼에 ○표 합니다.

18 고추의 수는 3이므로 셋 또는 삼이라고 읽습니다.

19 가지의 수는 1이므로 하나 또는 일이라고 읽습니다.

20 파프리카의 수는 5이므로 다섯 또는 오라고 읽습니다.

21 고구마의 수는 4이므로 넷 또는 사라고 읽습니다.

22 무의 수는 2이므로 둘 또는 이라고 읽습니다.

1 럭비공을 하나씩 짚어 가며 세어 보면 하나, 둘이므로 ○를 2개 그립니다.
럭비공의 수가 둘이므로 수로 나타내면 2입니다.

12~13쪽 — 원리 ❷

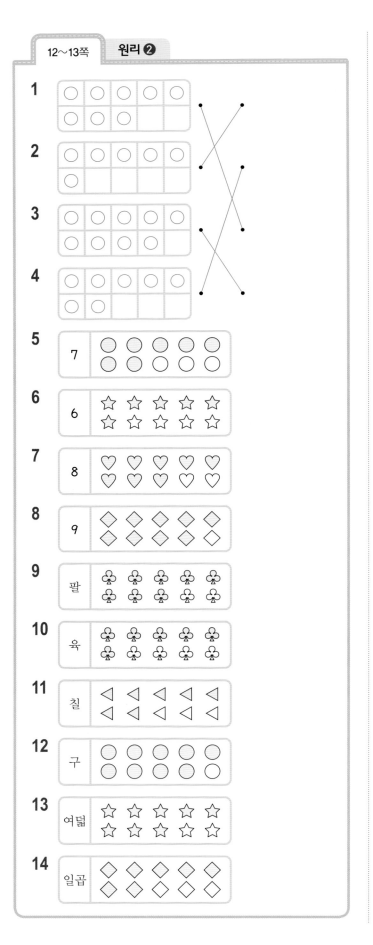

1
2
3
4

5 | 7
6 | 6
7 | 8
8 | 9
9 | 팔
10 | 육
11 | 칠
12 | 구
13 | 여덟
14 | 일곱

12 구는 9이므로 9개를 색칠합니다.

13 여덟은 8이므로 8개를 색칠합니다.

14 일곱은 7이므로 7개를 색칠합니다.

14~15쪽 — 연습 ❷

1	8 / 여덟	11	8 / 여덟, 팔
2	6 / 여섯	12	6 / 여섯, 육
3	7 / 일곱	13	9 / 아홉, 구
4	9 / 아홉	14	8 / 여덟, 팔
5	6 / 여섯	15	7 / 일곱, 칠
6	7 / 칠	16	9 / 아홉, 구
7	8 / 팔	17	7 / 일곱, 칠
8	9 / 구	18	8 / 여덟, 팔
9	7 / 칠	19	6 / 여섯, 육
10	6 / 육	20	9 / 아홉, 구

19 꽃의 수는 6이므로 여섯 또는 육이라고 읽습니다.

20 꽃의 수는 9이므로 아홉 또는 구라고 읽습니다.

16~17쪽 — 원리 ❸

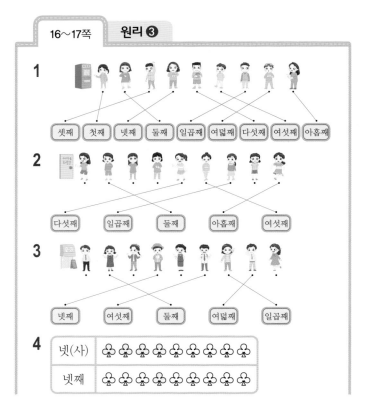

5

| 일곱(칠) | △ △ △ △ △ △ △ △ △ |
| 일곱째 | △ △ △ △ △ △ △ △ △ |

6

| 다섯(오) | ♠ ♠ ♠ ♠ ♠ ♠ ♠ ♠ ♠ |
| 다섯째 | ♠ ♠ ♠ ♠ ♠ ♠ ♠ ♠ ♠ |

7

| 셋(삼) | ○ ○ ○ ○ ○ ○ ○ ○ ○ |
| 셋째 | ○ ○ ○ ○ ○ ○ ○ ○ ○ |

8

| 여덟(팔) | ♡ ♡ ♡ ♡ ♡ ♡ ♡ ♡ ♡ |
| 여덟째 | ♡ ♡ ♡ ♡ ♡ ♡ ♡ ♡ ♡ |

9

| 아홉(구) | ♠ ♠ ♠ ♠ ♠ ♠ ♠ ♠ ♠ |
| 아홉째 | ♠ ♠ ♠ ♠ ♠ ♠ ♠ ♠ ♠ |

10

| 둘(이) | ☆ ☆ ☆ ☆ ☆ ☆ ☆ ☆ ☆ |
| 둘째 | ☆ ☆ ☆ ☆ ☆ ☆ ☆ ☆ ☆ |

11

| 여섯(육) | ♠ ♠ ♠ ♠ ♠ ♠ ♠ ♠ ♠ |
| 여섯째 | ♠ ♠ ♠ ♠ ♠ ♠ ♠ ♠ ♠ |

12

| 여덟(팔) | ◁ ◁ ◁ ◁ ◁ ◁ ◁ ◁ ◁ |
| 여덟째 | ◁ ◁ ◁ ◁ ◁ ◁ ◁ ◁ ◁ |

13

| 넷(사) | ◇ ◇ ◇ ◇ ◇ ◇ ◇ ◇ ◇ |
| 넷째 | ◇ ◇ ◇ ◇ ◇ ◇ ◇ ◇ ◇ |

14

| 아홉(구) | ○ ○ ○ ○ ○ ○ ○ ○ ○ |
| 아홉째 | ○ ○ ○ ○ ○ ○ ○ ○ ○ |

15

| 다섯(오) | ♣ ♣ ♣ ♣ ♣ ♣ ♣ ♣ ♣ |
| 다섯째 | ♣ ♣ ♣ ♣ ♣ ♣ ♣ ♣ ♣ |

14 아홉(구)은 개수를 나타내므로 모양 9개를 색칠하고, 아홉째는 순서를 나타내므로 아홉째 모양 1개만 색칠합니다.

15 다섯(오)은 개수를 나타내므로 모양 5개를 색칠하고, 다섯째는 순서를 나타내므로 다섯째 모양 1개만 색칠합니다.

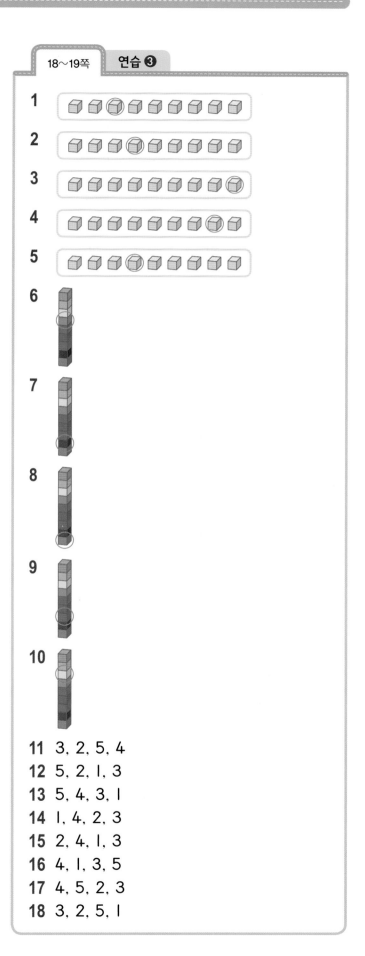

11 3, 2, 5, 4
12 5, 2, 1, 3
13 5, 4, 3, 1
14 1, 4, 2, 3
15 2, 4, 1, 3
16 4, 1, 3, 5
17 4, 5, 2, 3
18 3, 2, 5, 1

5 오른쪽에서부터 차례로 순서를 세어 여섯째 모양에 ◯표 합니다.

10 아래에서부터 차례로 순서를 세어 일곱째 모양에 ◯표 합니다.

20~21쪽   원리 ❹

1 4, 5, 6, 7, 8, 9
2 2, 4, 6, 8, 9
3 1, 4, 5, 6, 9
4 2, 3, 5, 6, 7
5 1, 3, 4, 7, 8
6 1, 2, 4, 5, 8, 9

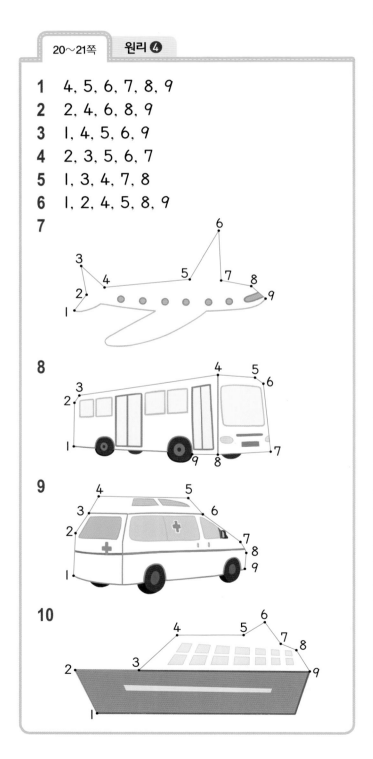

7
8
9
10

22~23쪽   연습 ❹

1	4, 5, 6	**13**	3, 2, 1
2	5, 7, 8	**14**	7, 4, 3
3	3, 6, 7	**15**	5, 3, 2
4	5, 7, 9	**16**	9, 7, 5
5	4, 5, 6	**17**	7, 6, 5
6	4, 5, 8	**18**	9, 8, 7
7	2, 4, 5	**19**	7, 5, 4
8	5, 6, 7	**20**	5, 4, 3
9	2, 4, 6	**21**	9, 7, 6
10	5, 6, 7	**22**	6, 4, 2
11	5, 7, 8	**23**	8, 7, 4
12	4, 5, 6	**24**	6, 5, 3

24~25쪽   원리 ❺

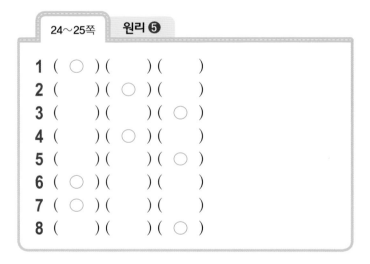

1 (◯)(   )(   )
2 (   )(◯)(   )
3 (   )(   )(◯)
4 (   )(◯)(   )
5 (   )(   )(◯)
6 (◯)(   )(   )
7 (◯)(   )(   )
8 (   )(   )(◯)

26~27쪽   연습 ❺

1	1, 3	**10**	5, 7
2	4, 6	**11**	4, 6
3	2, 4	**12**	7, 9
4	7, 9	**13**	0
5	5, 7	**14**	2
6	6, 8	**15**	7
7	0, 2	**16**	3, 5
8	3, 5	**17**	7, 9
9	6, 8	**18**	7, 1

28∼29쪽 **원리 ⑥**

1 2 ④

2 ⑥ 5

3 5 ⑦

4 7 ⑧

5 ⑤ 3

6 ⑨ 6

7 ③

   ⑥

8 ⑨

   ④

9 ⑤

   ②

10 ⑥

    ⑧

11 ⑦

    ⑥

30∼31쪽 **연습 ⑥**

1 7
2 5
3 8
4 9
5 6
6 9
7 8
8 4

9 5
10 3
11 2
12 1
13 5
14 4
15 1
16 4

17 5 ○○○○○
    4 ○○○○

큽니다 / 작습니다

18 2 ○○
    8 ○○○○○○○○

작습니다 / 큽니다

19 4 ○○○○
    7 ○○○○○○○

작습니다 / 큽니다

20 6 ○○○○○○
    3 ○○○

큽니다 / 작습니다

21 9 ○○○○○○○○○
    6 ○○○○○○

큽니다 / 작습니다

22 7 ○○○○○○○
    2 ○○

큽니다 / 작습니다

23 3 ○○○
    5 ○○○○○

작습니다 / 큽니다

24 8 ○○○○○○○○
    9 ○○○○○○○○○

작습니다 / 큽니다

정답 및 풀이

7 8: ○○○○○○○○
　 5: ○○○○○
　 ➡ 8은 5보다 큽니다.

8 2: ○○
　 4: ○○○○
　 ➡ 4는 2보다 큽니다.

15 9: ○○○○○○○○○
　 1: ○
　 ➡ 1은 9보다 작습니다.

16 4: ○○○○
　 9: ○○○○○○○○○
　 ➡ 4는 9보다 작습니다.

4 8보다 큰 수는 8의 오른쪽의 수인 9입니다.

5 4보다 큰 수는 4의 오른쪽의 수인 5, 6, 7, 8, 9입니다.

6 6보다 큰 수는 6의 오른쪽의 수인 7, 8, 9입니다.

7 0-1-2-3-4-5-6-7-8-9
➡ 수를 순서대로 쓸 때 주어진 수 중 1보다 큰 수는 4, 7입니다.

17 0-1-2-3-4-5-6-7-8-9
➡ 수를 순서대로 쓸 때 주어진 수 중 4보다 작은 수는 2, 3입니다.

18 0-1-2-3-4-5-6-7-8-9
➡ 수를 순서대로 쓸 때 주어진 수 중 7보다 작은 수는 5, 6입니다.

32~33쪽 원리 ❼

1 1 2 3 4 5 6 7 8 9
2 1 2 3 4 5 6 7 8 9
3 1 2 3 4 5 6 7 8 9
4 1 2 3 4 5 6 7 8 9
5 1 2 3 4 5 6 7 8 9
6 1 2 3 4 5 6 7 8 9

7 4, 7
8 9, 8
9 8, 6
10 6, 7
11 9, 8
12 7, 6
13 2, 0
14 1, 4
15 3, 5
16 4, 1
17 2, 3
18 5, 6

34~35쪽 연습 ❼

1	5	14	1
2	6	15	2
3	9	16	5
4	7	17	8
5	8	18	3
6	4	19	9
7	8	20	1
8	9	21	2
9	2	22	2
10	4	23	6
11	1	24	5
12	3	25	7
13	2	26	5

25 주어진 수를 순서대로 쓰면 2, 3, 7이므로 가장 큰 수는 7입니다.

26 주어진 수를 순서대로 쓰면 5, 6, 8이므로 가장 작은 수는 5입니다.

정답 및 풀이

36~37쪽 적용

1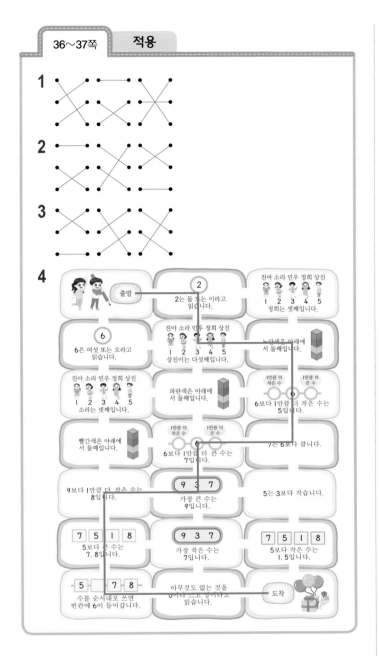

2

3

4

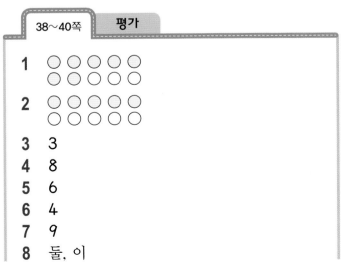

38~40쪽 평가

1 ○○○○○
  ○○○○○

2 ○○○○○
  ○○○○○

3 3
4 8
5 6
6 4
7 9
8 둘, 이

11

| 다섯(오) | 🍀🍀🍀🍀🍀🍀🍀🍀 |
| 다섯째 | 🍀🍀🍀🍀🍀🍀🍀🍀 |

12

| 둘(이) | ●●○○○○○○ |
| 둘째 | ○●○○○○○○ |

13

| 아홉(구) | 🌙🌙🌙🌙🌙🌙🌙🌙🌙 |
| 아홉째 | 🌙🌙🌙🌙🌙🌙🌙🌙🌙 |

14

15

16

17 5, 6
18 6, 8, 9
19 4, 7, 8
20 5, 3
21 8, 5
22 5, 4, 2

23

24

25

26 2, 4
27 0, 2
28 5, 7
29 4
30 8
31 6
32 7
33 2
34 3

2 덧셈

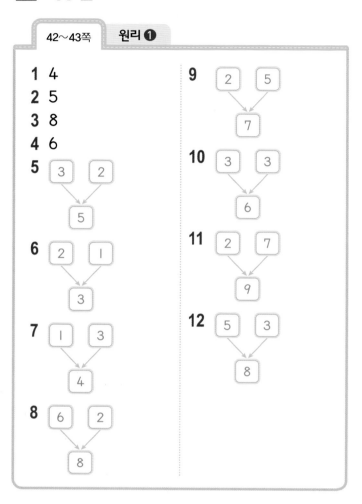

42~43쪽 원리 ❶

1 4
2 5
3 8
4 6
5 [3] [2] → [5]
6 [2] [1] → [3]
7 [1] [3] → [4]
8 [6] [2] → [8]
9 [2] [5] → [7]
10 [3] [3] → [6]
11 [2] [7] → [9]
12 [5] [3] → [8]

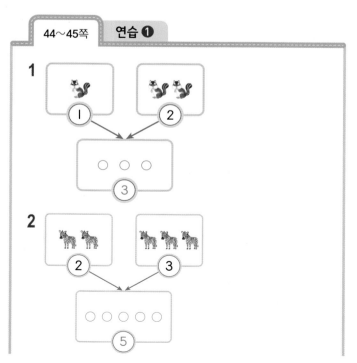

44~45쪽 연습 ❶

1
2

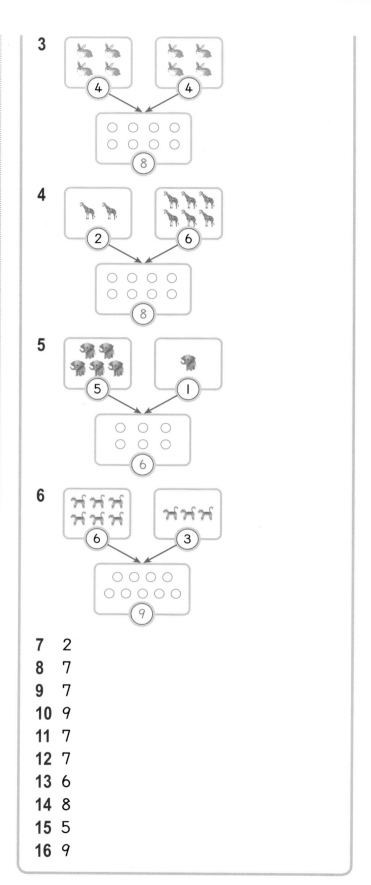

3
4
5
6

7   2
8   7
9   7
10 9
11 7
12 7
13 6
14 8
15 5
16 9

1 다람쥐 1마리와 2마리를 모으면 3마리가 되므로 ○를 3개 그려 넣습니다.

6 고양이 6마리와 3마리를 모으면 9마리가 되므로 ○를 9개 그려 넣습니다.

11 크레파스 4개와 3개를 모으면 7개이므로 빈 곳에 알맞은 수는 7입니다.

15 지우개 4개와 1개를 모으면 5개이므로 빈 곳에 알맞은 수는 5입니다.

8 7과 2를 모으면 9가 됩니다.

9 3과 2를 모으면 5가 됩니다.

10 1과 3을 모으면 4가 됩니다.

11 3과 4를 모으면 7이 됩니다.

12 4와 2를 모으면 6이 됩니다.

13 2와 7을 모으면 9가 됩니다.

14 1과 8을 모으면 9가 됩니다.

15 2와 5를 모으면 7이 됩니다.

16 7과 1을 모으면 8이 됩니다.

17 6과 3을 모으면 9가 됩니다.

18 4와 4를 모으면 8이 됩니다.

46~47쪽	적용 ❶

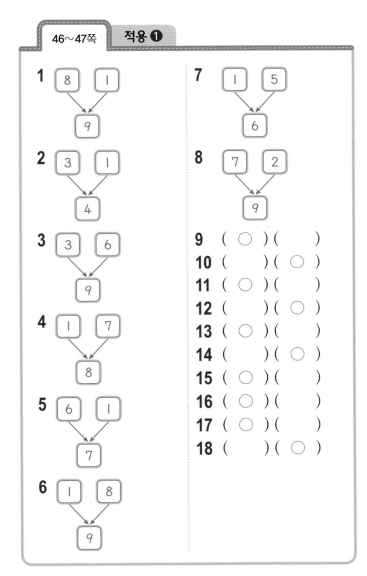

9 (○)(   )
10 (   )(○)
11 (   )(○)
12 (   )(○)
13 (○)(   )
14 (   )(○)
15 (○)(   )
16 (○)(   )
17 (○)(   )
18 (   )(○)

2 3과 1을 모으면 4가 됩니다.

3 3과 6을 모으면 9가 됩니다.

4 1과 7을 모으면 8이 됩니다.

5 6과 1을 모으면 7이 됩니다.

6 1과 8을 모으면 9가 됩니다.

7 1과 5를 모으면 6이 됩니다.

48~49쪽	원리 ❷

1	3		10	7
2	6		11	9
3	8		12	5
4	9		13	8
5	7		14	8
6	5		15	5
7	8		16	9
8	9		17	8
9	2		18	6

50~51쪽	연습 ❷

1	1		11	3
2	2		12	1
3	4		13	4
4	3		14	6
5	7		15	5
6	4		16	2
7	3		17	1
8	8		18	4
9	6		19	7
10	6		20	2

정답 및 풀이

52~53쪽 적용 ❷

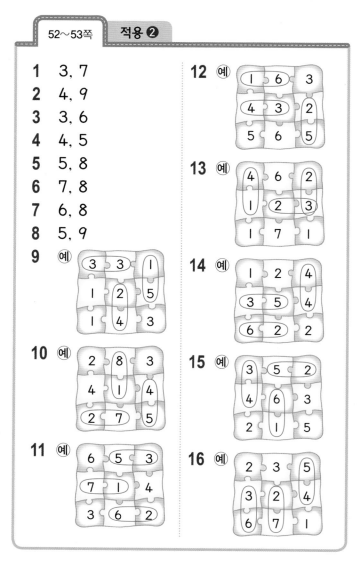

1 3, 7
2 4, 9
3 3, 6
4 4, 5
5 5, 8
6 7, 8
7 6, 8
8 5, 9
9 예
10 예
11 예
12 예
13 예
14 예
15 예
16 예

3 2와 1을 모으면 3이 되고 3과 3을 모으면 6이 됩니다.

4 2와 2를 모으면 4가 되고 4와 1을 모으면 5가 됩니다.

5 2와 3을 모으면 5가 되고 5와 3을 모으면 8이 됩니다.

6 1과 6을 모으면 7이 되고 7과 1을 모으면 8이 됩니다.

7 2와 4를 모으면 6이 되고 6과 2를 모으면 8이 됩니다.

8 3과 2를 모으면 5가 되고 5와 4를 모으면 9가 됩니다.

9 3과 3, 1과 5, 2와 4를 모으기 하면 6이 됩니다.
10 8과 1, 4와 5, 2와 7을 모으기 하면 9가 됩니다.
11 5와 3, 7과 1, 6과 2를 모으기 하면 8이 됩니다.
12 1과 6, 4와 3, 2와 5를 모으기 하면 7이 됩니다.
13 4와 1, 2와 3을 모으기 하면 5가 됩니다.
14 4와 4, 3과 5, 6과 2를 모으기 하면 8이 됩니다.
15 3과 4, 5와 2, 6과 1을 모으기 하면 7이 됩니다.
16 5와 4, 3과 6, 2와 7을 모으기 하면 9가 됩니다.

54~55쪽 원리 ❸

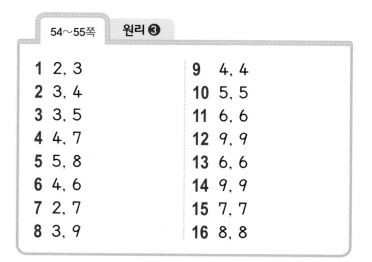

1 2, 3
2 3, 4
3 3, 5
4 4, 7
5 5, 8
6 4, 6
7 2, 7
8 3, 9
9 4, 4
10 5, 5
11 6, 6
12 9, 9
13 6, 6
14 9, 9
15 7, 7
16 8, 8

56~57쪽 연습 ❸

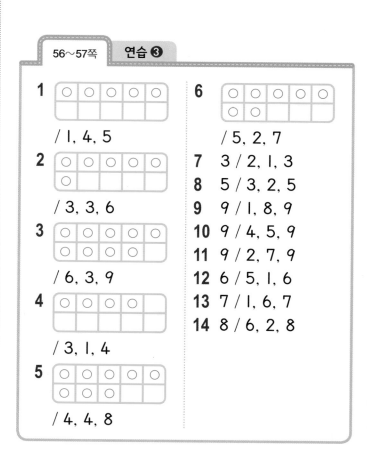

1 / 1, 4, 5
2 / 3, 3, 6
3 / 6, 3, 9
4 / 3, 1, 4
5 / 4, 4, 8
6 / 5, 2, 7
7 3 / 2, 1, 3
8 5 / 3, 2, 5
9 9 / 1, 8, 9
10 9 / 4, 5, 9
11 9 / 2, 7, 9
12 6 / 5, 1, 6
13 7 / 1, 6, 7
14 8 / 6, 2, 8

10 수학 연산 1-1

1	(○)	**5**	2
	( )	**6**	9
	/ 3, 2, 5	**7**	6
2	(○)	**8**	6, 7
	( )	**9**	1, 4
	/ 4, 4, 8	**10**	5, 9
3	( )	**11**	3, 8
	(○)	**12**	6, 7
	/ 1, 3, 4	**13**	2, 6
4	(○)	**14**	7, 1, 8
	( )	**15**	1, 8, 9
	/ 4, 2, 6	**16**	2, 6, 8

1 부채 3개와 2개를 더하면 5개가 됩니다.
➡ 3+2=5

2 컵 4개와 4개를 더하면 8개가 됩니다.
➡ 4+4=8

3 샤프 1개와 3개를 더하면 4개가 됩니다.
➡ 1+3=4

4 자명종 4개와 2개를 더하면 6개가 됩니다.
➡ 4+2=6

8 점이 왼쪽에 1개, 오른쪽에 6개이므로 1+6=7입니다.

9 점이 왼쪽에 3개, 오른쪽에 1개이므로 3+1=4입니다.

10 점이 왼쪽에 4개, 오른쪽에 5개이므로 4+5=9입니다.

11 점이 왼쪽에 3개, 오른쪽에 5개이므로 3+5=8입니다.

12 점이 왼쪽에 6개, 오른쪽에 1개이므로 6+1=7입니다.

13 점이 왼쪽에 2개, 오른쪽에 4개이므로 2+4=6입니다.

14 점이 왼쪽에 7개, 오른쪽에 1개이므로 7+1=8입니다.

15 점이 왼쪽에 1개, 오른쪽에 8개이므로 1+8=9입니다.

16 점이 왼쪽에 2개, 오른쪽에 6개이므로 2+6=8입니다.

1	2 / 1, 1, 2	**12**	9
2	5 / 2, 3, 5	**13**	7
3	6 / 4, 2, 6	**14**	9
4	7 / 3, 4, 7	**15**	4
5	4 / 1, 3, 4	**16**	7
6	9 / 2, 7, 9	**17**	8
7	3	**18**	8
8	6	**19**	9
9	9	**20**	6
10	8	**21**	7
11	5	**22**	8

1	3	**17**	1
2	8	**18**	5
3	9	**19**	3
4	5	**20**	6
5	8	**21**	2
6	6	**22**	7
7	6	**23**	4
8	5	**24**	5
9	9	**25**	2
10	9	**26**	4
11	4	**27**	1
12	7	**28**	5
13	9	**29**	3
14	8	**30**	1
15	7	**31**	6
16	9	**32**	7

1 5
2 7
3 6
4 5
5 9
6 8
7 3
8 9
9 9
10 6
11 8
12 7
13
14

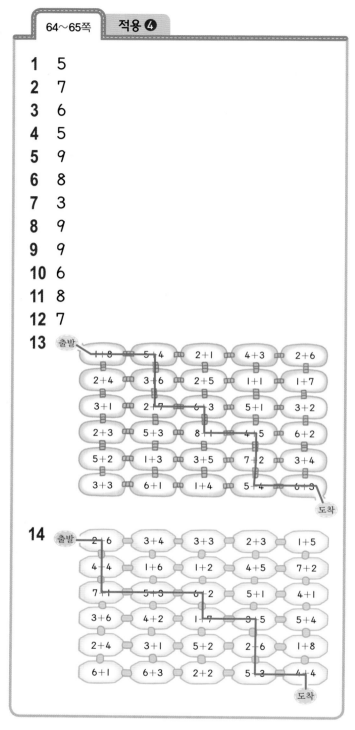

10 3+3＝6

11 6+2＝8

12 2+5＝7

13 합이 9가 되는 덧셈은 1+8, 2+7, 3+6, 4+5, 5+4, 6+3, 7+2, 8+1입니다.

14 합이 8이 되는 덧셈은 1+7, 2+6, 3+5, 4+4, 5+3, 6+2, 7+1입니다.

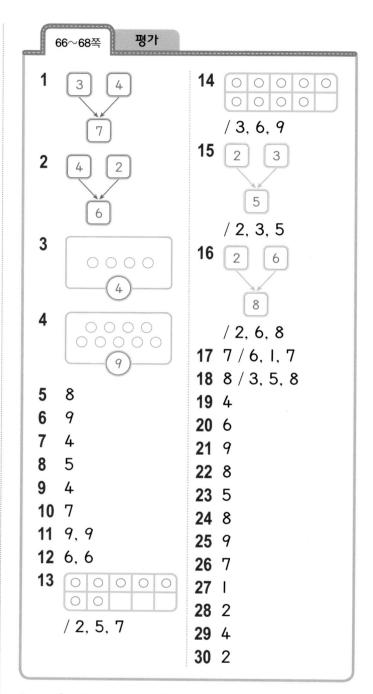

1

2

3

4

5 8
6 9
7 4
8 5
9 4
10 7
11 9, 9
12 6, 6
13

/ 2, 5, 7

14
/ 3, 6, 9
15
/ 2, 3, 5
16
/ 2, 6, 8
17 7 / 6, 1, 7
18 8 / 3, 5, 8
19 4
20 6
21 9
22 8
23 5
24 8
25 9
26 7
27 1
28 2
29 4
30 2

5 4와 4를 모으면 8입니다.

7 1과 모아서 5가 되는 수는 4입니다.

8 3과 모아서 8이 되는 수는 5입니다.

13 새 2마리와 5마리를 더하면 7마리이므로 ○를 7개 그려 넣습니다.

17 6과 1을 모으면 7이므로 6+1＝7입니다.

18 3과 5를 모으면 8이므로 3+5＝8입니다.

30 7과 모아서 9가 되는 수는 2이므로 □ 안에 알맞은 수는 2입니다.

3 뺄셈

70~71쪽 **원리 ❶**

1	l	**6**	6, 4, 2
2	5	**7**	8, 4, 4
3	3	**8**	5, 4, l
4	3	**9**	7, 3, 4
5	4, l, 3	**10**	9, 6, 3

72~73쪽 **연습 ❶**

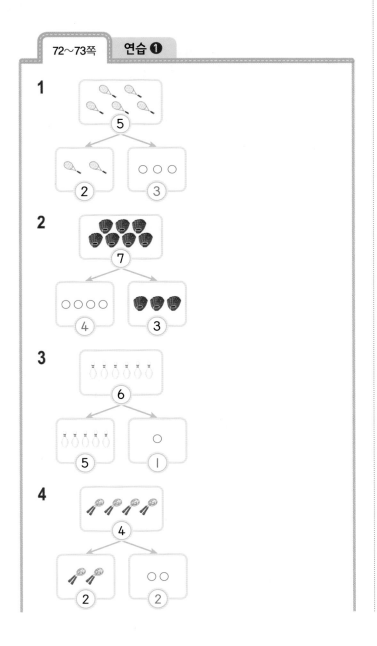

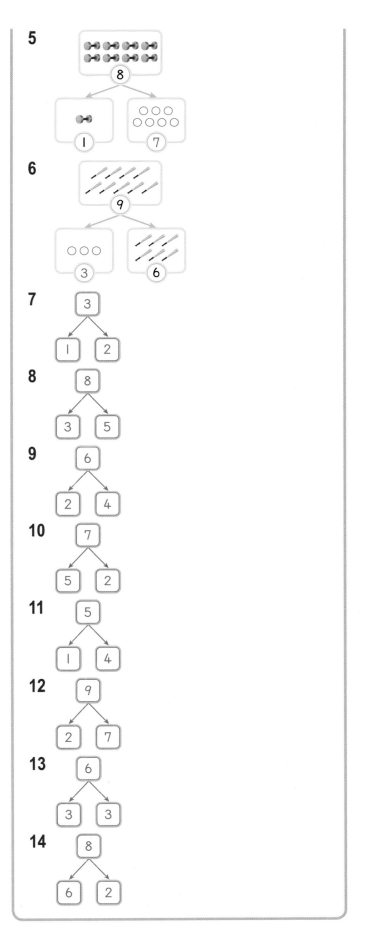

74~75쪽 적용 ❶

1 2, 2 / 3, 1
2 3, 4 / 6, 1
3 1, 4 / 3, 2
4 2, 7 / 4, 5
5 1, 5 / 3, 3
6 5, 3 / 6, 2
7 2, 5 / 1, 6
8 8, 1 / 3, 6
9 (○)
　( )
10 (○)
　( )
11 ( )
　(○)
12 (○)
　( )
13 ( )
　(○)
14 ( )
　(○)

1 4는 2와 2, 3과 1로 가르기 할 수 있습니다.
2 7은 3과 4, 6과 1로 가르기 할 수 있습니다.
3 5는 1과 4, 3과 2로 가르기 할 수 있습니다.
5 6은 1과 5, 3과 3으로 가르기 할 수 있습니다.
6 8은 5와 3, 6과 2로 가르기 할 수 있습니다.
8 9는 8과 1, 3과 6으로 가르기 할 수 있습니다.
9 2는 1과 1로 가르기 할 수 있습니다.
10 7은 2와 5로 가르기 할 수 있습니다.
12 9는 8과 1로 가르기 할 수 있습니다.
13 6은 5와 1로 가르기 할 수 있습니다.
14 8은 2와 6으로 가르기 할 수 있습니다.

76~77쪽 원리 ❷

1 3
2 2
3 7
4 1
5 3
6 4
7 5
8 2
9 2
10 3
11 2
12 1
13 8
14 4
15 3
16 6
17 1
18 1

78~79쪽 연습 ❷

1 1
2 2
3 2
4 5
5 3
6 3
7 1
8 3
9 1
10 1
11 5, 4
12 6, 5
13 6, 3
14 3, 2
15 4, 1
16 5, 4
17 7, 6
18 3, 1
19 5, 2
20 7, 1

11 6은 1과 5, 2와 4로 가르기 할 수 있습니다.
12 9는 3과 6, 4와 5로 가르기 할 수 있습니다.
13 7은 1과 6, 4와 3으로 가르기 할 수 있습니다.
14 9는 6과 3, 7과 2로 가르기 할 수 있습니다.
15 8은 4와 4, 7과 1로 가르기 할 수 있습니다.
16 7은 2와 5, 3과 4로 가르기 할 수 있습니다.
17 8은 1과 7, 2와 6으로 가르기 할 수 있습니다.
18 6은 3과 3, 5와 1로 가르기 할 수 있습니다.
19 8은 3과 5, 6과 2로 가르기 할 수 있습니다.
20 9는 2와 7, 8과 1로 가르기 할 수 있습니다.

80~81쪽 적용 ❷

(위에서부터)
1 1, 2, 3, 4
2 3, 5, 7, 2
3 3, 1, 5, 2
4 2, 5, 6, 4
5 4, 6, 1, 7
6 3, 4, 5, 1
7 1, 5, 3, 6
8 2, 4, 3, 1
9 4, 2, 5, 3
10 2, 8, 6, 5
11 5, 2
12 3, 1
13 6, 3
14 7, 4
15 4, 1
16 5, 3
17 7, 6
18 4, 2

9 6은 3과 3, 4와 2, 2와 4, 5와 1로 가르기 할 수 있습니다.

10 9는 2와 7, 4와 5, 8과 1, 6과 3으로 가르기 할 수 있습니다.

11 6은 1과 5로 가르기 할 수 있고, 5는 3과 2로 가르기 할 수 있습니다.

12 7은 4와 3으로 가르기 할 수 있고, 3은 1과 2로 가르기 할 수 있습니다.

13 8은 2와 6으로 가르기 할 수 있고, 6은 3과 3으로 가르기 할 수 있습니다.

14 9는 2와 7로 가르기 할 수 있고, 7은 3과 4로 가르기 할 수 있습니다.

15 6은 4와 2로 가르기 할 수 있고, 4는 1과 3으로 가르기 할 수 있습니다.

16 7은 5와 2로 가르기 할 수 있고, 5는 2와 3으로 가르기 할 수 있습니다.

17 8은 7과 1로 가르기 할 수 있고, 7은 6과 1로 가르기 할 수 있습니다.

18 9는 4와 5로 가르기 할 수 있고, 4는 2와 2로 가르기 할 수 있습니다.

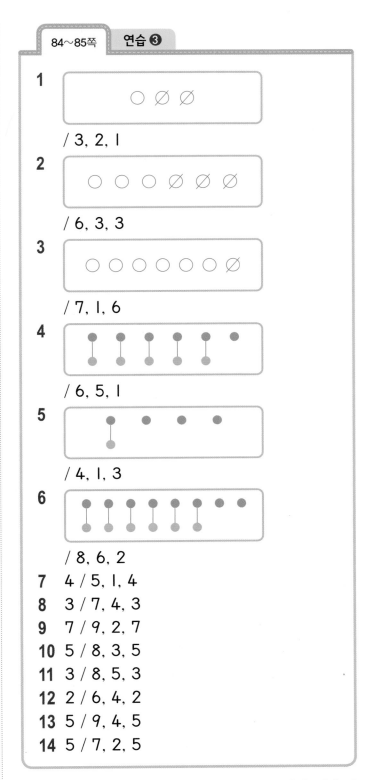

82~83쪽 | **원리 ❸**

1 1, 2	**9** 1, 1
2 3, 2	**10** 2, 2
3 3, 4	**11** 3, 3
4 4, 4	**12** 6, 6
5 4, 1	**13** 5, 5
6 2, 4	**14** 1, 1
7 2, 2	**15** 1, 1
8 5, 4	**16** 6, 6

8 딸기 9개 중에서 5개를 빼면 4개가 남습니다.
➡ 9−5=4

10 우유 7개와 요구르트 5개를 하나씩 짝 지으면 우유 2개는 짝이 없습니다.
➡ 7−5=2

84~85쪽 | **연습 ❸**

1
/ 3, 2, 1

2
/ 6, 3, 3

3
/ 7, 1, 6

4
/ 6, 5, 1

5
/ 4, 1, 3

6
/ 8, 6, 2

7 4 / 5, 1, 4
8 3 / 7, 4, 3
9 7 / 9, 2, 7
10 5 / 8, 3, 5
11 3 / 8, 5, 3
12 2 / 6, 4, 2
13 5 / 9, 4, 5
14 5 / 7, 2, 5

9 까치 9마리 중에서 2마리를 빼면 7마리가 남습니다.
➡ 9−2=7

11 펭귄 8마리와 오리 5마리를 하나씩 짝 지으면 펭귄 3마리가 남습니다.
➡ 8−5=3

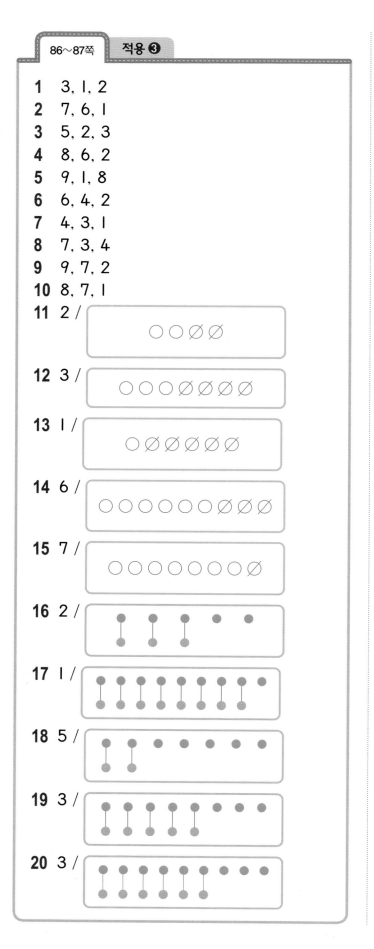

1 3, 1, 2
2 7, 6, 1
3 5, 2, 3
4 8, 6, 2
5 9, 1, 8
6 6, 4, 2
7 4, 3, 1
8 7, 3, 4
9 9, 7, 2
10 8, 7, 1
11 2 /
12 3 /
13 1 /
14 6 /
15 7 /
16 2 /
17 1 /
18 5 /
19 3 /
20 3 /

1 ○ 3개 중에서 1개를 지워서 2개가 남았습니다.

2 ○ 7개 중에서 6개를 지워서 1개가 남았습니다.

3 ○ 5개 중에서 2개를 지워서 3개가 남았습니다.

4 ○ 8개 중에서 6개를 지워서 2개가 남았습니다.

5 ○ 9개 중에서 1개를 지워서 8개가 남았습니다.

6 연두색 동그라미 6개, 주황색 동그라미 4개이므로 연두색 동그라미가 주황색 동그라미보다 2개 더 많습니다.

7 연두색 동그라미 4개, 주황색 동그라미 3개이므로 연두색 동그라미가 주황색 동그라미보다 1개 더 많습니다.

8 연두색 동그라미 7개, 주황색 동그라미 3개이므로 연두색 동그라미가 주황색 동그라미보다 4개 더 많습니다.

9 연두색 동그라미 9개, 주황색 동그라미 7개이므로 연두색 동그라미가 주황색 동그라미보다 2개 더 많습니다.

10 연두색 동그라미 8개, 주황색 동그라미 7개이므로 연두색 동그라미가 주황색 동그라미보다 1개 더 많습니다.

11 4−2이므로 ○를 4개 그리고 그중에서 2개를 지우고 남은 ○를 세어 보면 2개입니다.
➡ 4−2=2

12 7−4이므로 ○를 7개 그리고 그중에서 4개를 지우고 남은 ○를 세어 보면 3개입니다.
➡ 7−4=3

13 6−5이므로 ○를 6개 그리고 그중에서 5개를 지우고 남은 ○를 세어 보면 1개입니다.
➡ 6−5=1

14 9−3이므로 ○를 9개 그리고 그중에서 3개를 지우고 남은 ○를 세어 보면 6개입니다.
➡ 9−3=6

15 8−1이므로 ○를 8개 그리고 그중에서 1개를 지우고 남은 ○를 세어 보면 7개입니다.
➡ 8−1=7

16 연두색 동그라미 5개와 주황색 동그라미 3개를 하나씩 짝 지으면 연두색 동그라미 2개는 짝이 없습니다.
➡ 5−3=2

17 연두색 동그라미 9개와 주황색 동그라미 8개를 하나씩 짝 지으면 연두색 동그라미 1개는 짝이 없습니다.
➡ 9−8=1

18 연두색 동그라미 7개와 주황색 동그라미 2개를 하나씩 짝 지으면 연두색 동그라미 5개는 짝이 없습니다.
➡ 7−2=5

19 연두색 동그라미 8개와 주황색 동그라미 5개를 하나씩 짝 지으면 연두색 동그라미 3개는 짝이 없습니다.
➡ 8−5=3

20 연두색 동그라미 9개와 주황색 동그라미 6개를 하나씩 짝 지으면 연두색 동그라미 3개는 짝이 없습니다.
➡ 9−6=3

88~89쪽 · 원리 ❹

1	3 / 4, 1, 3	**12**	5
2	5 / 6, 1, 5	**13**	2
3	3 / 7, 4, 3	**14**	3
4	2 / 5, 3, 2	**15**	1
5	6 / 8, 2, 6	**16**	1
6	6 / 9, 3, 6	**17**	4
7	1	**18**	3
8	2	**19**	2
9	3	**20**	5
10	2	**21**	8
11	4	**22**	2

5 8은 2와 6으로 가르기 할 수 있으므로 8−2=6 입니다.

6 9는 3과 6으로 가르기 할 수 있으므로 9−3=6 입니다.

21 9는 1과 8로 가르기 할 수 있으므로 9−1=8입니다.

22 6은 4와 2로 가르기 할 수 있으므로 6−4=2입니다.

90~91쪽 · 연습 ❹

1	1	**17**	1
2	4	**18**	2
3	7	**19**	4
4	1	**20**	3
5	7	**21**	4
6	1	**22**	3
7	1	**23**	5
8	6	**24**	1
9	5	**25**	1
10	1	**26**	2
11	3	**27**	7
12	2	**28**	4
13	8	**29**	5
14	5	**30**	2
15	4	**31**	1
16	4	**32**	6

92~93쪽 · 적용 ❹

1	1	**13**	1
2	2	**14**	1
3	3	**15**	4
4	5	**16**	2
5	3	**17**	4
6	1	**18**	3
7	2	**19**	6
8	3	**20**	2
9	1	**21**	1
10	5	**22**	4
11	5	**23**	2
12	7	**24**	8

11 7−2=5

12 9−2=7

21 7−6=1

22 6−2=4
23 8−6=2
24 9−1=8

22 1, 6, 7을 모두 이용하여 만들 수 있는 덧셈식은
1+6=7, 6+1=7이고, 뺄셈식은 7−1=6,
7−6=1입니다.

94~95쪽　　**원리 ❺**

1	1	**13**	+, −
2	4	**14**	−, +
3	7	**15**	−, +
4	8	**16**	+, −
5	2	**17**	−, +
6	6	**18**	+, −
7	0	**19**	−, +
8	4	**20**	−, +
9	0	**21**	+, −
10	0	**22**	−, +
11	5	**23**	+, −
12	8	**24**	−, +

1 어떤 수에 0을 더하면 어떤 수가 됩니다.

3 0에 어떤 수를 더하면 어떤 수가 됩니다.

7 어떤 수에서 그 전체를 빼면 0이 됩니다.

8 어떤 수에서 0을 빼면 그 값은 변하지 않습니다.

96~97쪽　　**연습 ❺**

1	1, 5 / 5, 1	**12**	3, 5 / 5, 2
2	2, 6 / 6, 2	**13**	5, 8 / 8, 5
3	3, 8 / 8, 3	**14**	5, 7 / 7, 2
4	1, 7 / 7, 1	**15**	8, 9 / 9, 8
5	5, 9 / 9, 4	**16**	6, 9 / 9, 3
6	2, 7 / 7, 5	**17**	4, 6 / 6, 4
7	7, 9 / 9, 2	**18**	1, 4 / 4, 3
8	4, 7 / 7, 4	**19**	6, 8 / 8, 2
9	1, 8 / 8, 7	**20**	3, 7 / 7, 4
10	3, 9 / 9, 6	**21**	5, 6 / 6, 1
11	1, 3 / 3, 1	**22**	6, 7 / 7, 6

98~99쪽　　**적용 ❺**

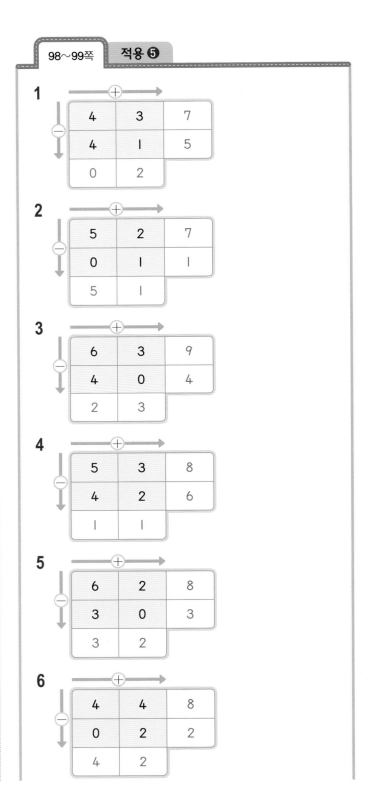

1

4	3	7
4	1	5
0	2	

2

5	2	7
0	1	1
5	1	

3

6	3	9
4	0	4
2	3	

4

5	3	8
4	2	6
1	1	

5

6	2	8
3	0	3
3	2	

6

4	4	8
0	2	2
4	2	

7

+		
8	1	9
2	1	3
6	0	

8

+		
7	2	9
3	2	5
4	0	

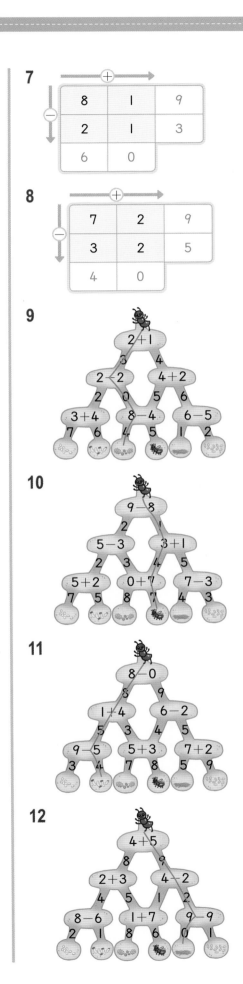

9

10

11

12

13

14

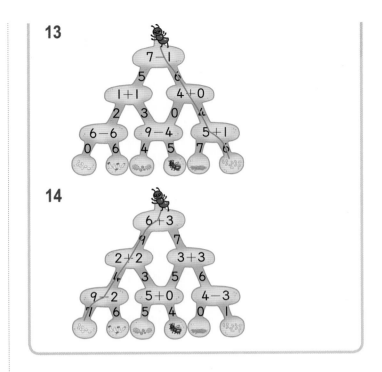

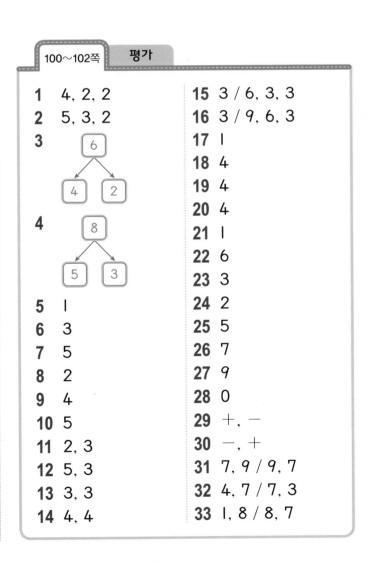

100~102쪽 **평가**

1	4, 2, 2	**15**	3 / 6, 3, 3
2	5, 3, 2	**16**	3 / 9, 6, 3
3	6 → 4, 2	**17**	1
4	8 → 5, 3	**18**	4
		19	4
		20	4
5	1	**21**	1
6	3	**22**	6
7	5	**23**	3
8	2	**24**	2
9	4	**25**	5
10	5	**26**	7
11	2, 3	**27**	9
12	5, 3	**28**	0
13	3, 3	**29**	+, −
14	4, 4	**30**	−, +
		31	7, 9 / 9, 7
		32	4, 7 / 7, 3
		33	1, 8 / 8, 7

4 50까지의 수

104~105쪽 **원리 ①**

1 (○)( )	**10** 7, 3, 10
2 ( )(○)	**11** 2, 8, 10
3 ( )(○)	**12** 9, 1, 10
4 (○)( )	**13** 3, 7, 10
5 ( )(○)	**14** 10, 5, 5
6 (○)( )	**15** 10, 1, 9
7 ( )(○)	**16** 10, 4, 6
8 (○)( )	**17** 10, 7, 3
9 6, 4, 10	**18** 10, 8, 2

106~107쪽 **연습 ①**

1 7	**13** 8
2 9	**14** 6
3 5	**15** 3
4 1	**16** 1
5 2	**17** 7
6 6	**18** 4
7 4	**19** 6
8 2	**20** 1
9 7	**21** 8
10 8	**22** 5
11 6	**23** 2
12 1	**24** 3

10 8과 2를 모으면 10이 됩니다.

11 6과 4를 모으면 10이 됩니다.

12 1과 9를 모으면 10이 됩니다.

21 10은 8과 2로 가를 수 있습니다.

22 10은 5와 5로 가를 수 있습니다.

23 10은 2와 8로 가를 수 있습니다.

24 10은 3과 7로 가를 수 있습니다.

108~109쪽 **원리 ②**

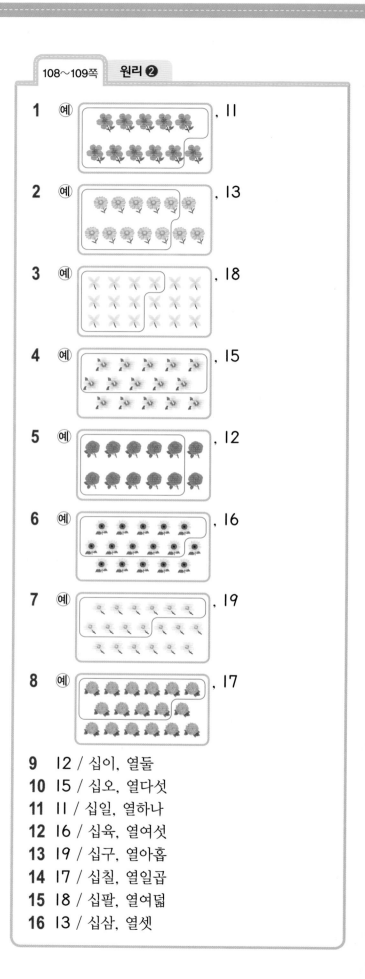

9 12 / 십이, 열둘

10 15 / 십오, 열다섯

11 11 / 십일, 열하나

12 16 / 십육, 열여섯

13 19 / 십구, 열아홉

14 17 / 십칠, 열일곱

15 18 / 십팔, 열여덟

16 13 / 십삼, 열셋

110~111쪽 연습 ❷

1	11, 13	13	11, 12
2	9, 11	14	12, 15
3	14, 16	15	9, 11
4	16, 18	16	15, 17
5	10, 12	17	11, 14
6	17, 19	18	14, 15
7	11	19	13, 14
8	13	20	11, 13
9	16	21	16, 18
10	18	22	13, 14
11	17	23	15, 18
12	14	24	13, 15

7 10보다 1만큼 더 큰 수이고 12보다 1만큼 더 작은 수는 11입니다.

9 15보다 1만큼 더 큰 수이고 17보다 1만큼 더 작은 수는 16입니다.

11 16보다 1만큼 더 큰 수이고 18보다 1만큼 더 작은 수는 17입니다.

24 14보다 1만큼 더 작은 수는 13, 14보다 1만큼 더 큰 수는 15입니다.

112~113쪽 원리 ❸

1	4, 8, 12	10	15, 7, 8
2	9, 6, 15	11	13, 8, 5
3	11, 7, 18	12	18, 14, 4
4	3, 13, 16	13	16, 5, 11
5	5, 9, 14	14	14, 7, 7
6	7, 6, 13	15	12, 9, 3
7	12, 5, 17	16	17, 9, 8
8	5, 14, 19	17	15, 4, 11
9	11, 5, 6	18	19, 7, 12

114~115쪽 연습 ❸

1	11	13	8
2	16	14	7
3	14	15	14
4	13	16	8
5	18	17	2
6	11	18	10
7	12	19	7
8	17	20	8
9	15	21	2
10	13	22	4
11	19	23	5
12	18	24	13

1 7과 4를 모으면 11이 됩니다.

3 8과 6을 모으면 14가 됩니다.

5 9와 9를 모으면 18이 됩니다.

7 2와 10을 모으면 12가 됩니다.

9 3과 12를 모으면 15가 됩니다.

11 4와 15를 모으면 19가 됩니다.

13 11은 3과 8로 가를 수 있습니다.

15 17은 3과 14로 가를 수 있습니다.

17 15는 13과 2로 가를 수 있습니다.

21 13은 2와 11로 가를 수 있습니다.

24 19는 13과 6으로 가를 수 있습니다.

116~117쪽 원리 ❹

1	40	9	3, 30
2	20	10	4, 40
3	30	11	10, 20
4	50	12	5, 50
5	30	13	10, 40
6	50	14	2, 20
7	20	15	10, 50
8	40	16	3, 30

118~119쪽 연습 ❹

1	30	**13**	이십, 스물
2	20	**14**	사십, 마흔
3	40	**15**	오십, 쉰
4	50	**16**	삼십, 서른
5	2	**17**	20, 이십
6	5	**18**	50, 오십
7	3	**19**	40, 사십
8	4	**20**	30, 삼십
9	예 10, 5	**21**	50, 쉰
10	예 10, 4	**22**	40, 마흔
11	예 10, 2	**23**	20, 스물
12	예 10, 3	**24**	30, 서른

120~121쪽 원리 ❺

1	36	**11**	33
2	25	**12**	29
3	34	**13**	46
4	42	**14**	27
5	43	**15**	39
6	28	**16**	21
7	49	**17**	45
8	31	**18**	37
9	24	**19**	32
10	48	**20**	44

3 10개씩 묶음 3개와 낱개 4개이므로 34입니다.

4 10개씩 묶음 4개와 낱개 2개이므로 42입니다.

7 10개씩 묶음 4개와 낱개 9개이므로 49입니다.

8 10개씩 묶음 3개와 낱개 1개이므로 31입니다.

13 10개씩 묶음 4개와 낱개 6개이므로 46입니다.

14 10개씩 묶음 2개와 낱개 7개이므로 27입니다.

18 10개씩 묶음 3개와 낱개 7개이므로 37입니다.

19 10개씩 묶음 3개와 낱개 2개이므로 32입니다.

20 10개씩 묶음 4개와 낱개 4개이므로 44입니다.

122~123쪽 연습 ❺

1	사십팔, 마흔여덟	**13**	28
2	삼십사, 서른넷	**14**	43
3	사십이, 마흔둘	**15**	36
4	이십오, 스물다섯	**16**	47
5	삼십삼, 서른셋	**17**	3
6	이십구, 스물아홉	**18**	4
7	삼십오, 서른다섯	**19**	6
8	이십이, 스물둘	**20**	1
9	사십육, 마흔여섯	**21**	3
10	삼십일, 서른하나	**22**	2
11	이십칠, 스물일곱	**23**	3
12	사십사, 마흔넷	**24**	4

23 38은 10개씩 묶음 3개와 낱개 8개입니다.

24 49는 10개씩 묶음 4개와 낱개 9개입니다.

124~125쪽 원리 ❻

1	23	**12**	21, 23
2	34	**13**	42, 44
3	46	**14**	35, 37
4	21	**15**	28, 30
5	49	**16**	23, 25
6	30	**17**	44, 46
7	37	**18**	30, 32
8	25	**19**	39, 41
9	42	**20**	46, 48
10	38	**21**	19, 21
11	29, 31	**22**	44, 46

1 22 바로 뒤의 수이면서 24 바로 앞의 수는 23입니다.

6 29 바로 뒤의 수이면서 31 바로 앞의 수는 30입니다.

11 30보다 1만큼 더 작은 수는 29이고 1만큼 더 큰 수는 31입니다.

연습 ⑥ 126~127쪽

1	18, 19	14	10, 13, 17, 19, 23
2	35, 36	15	11, 14, 20, 21, 23
3	26, 27	16	18, 20, 25, 29, 30
4	31, 32	17	19, 22, 28, 29, 32
5	19, 20	18	24, 30, 34, 36, 39
6	30, 31	19	30, 31, 39, 41, 42
7	20, 22	20	36, 39, 45, 48, 50
8	42, 45		
9	34, 37		
10	38, 40, 42		
11	47, 48, 50		
12	40, 41, 44		
13	4, 5, 6, 10, 15		

1 17부터 수를 순서대로 쓰면 17, 18, 19, 20, 21 입니다.

9 33부터 수를 순서대로 쓰면 33, 34, 35, 36, 37 입니다.

11 46부터 수를 순서대로 쓰면 46, 47, 48, 49, 50 입니다.

원리 ⑦ 128~129쪽

1	18, 15	13	29
2	42, 27	14	32
3	34, 30	15	49
4	43, 35	16	35
5	22, 26	17	21
6	14, 21	18	26
7	44, 50	19	34
8	38, 49	20	14
9	16	21	41
10	24	22	28
11	46	23	45
12	47	24	18

연습 ⑦ 130~131쪽

1	35	18	45, 34, 28, 20, 16
2	44	19	48, 43, 39, 27, 15
3	50	20	46, 35, 30, 24, 17
4	25	21	50, 41, 37, 26, 12
5	18	22	16, 24, 26, 35, 45
6	41	23	14, 19, 22, 38, 40
7	28	24	11, 23, 30, 32, 42
8	35	25	17, 25, 36, 49, 50
9	30	26	13, 25, 31, 36, 44
10	20		
11	23		
12	22		
13	14		
14	19		
15	15		
16	37		
17	47, 33, 29, 21, 18		

2 10개씩 묶음의 수가 39가 가장 작고 44와 40은 10개씩 묶음의 수가 같으므로 낱개의 수가 더 큰 44가 가장 큰 수입니다.

4 10개씩 묶음의 수가 모두 같으므로 낱개의 수가 가장 큰 25가 가장 큰 수입니다.

7 10개씩 묶음의 수가 14가 가장 작고 28과 25는 10개씩 묶음의 수가 같으므로 낱개의 수가 더 큰 28이 가장 큰 수입니다.

9 10개씩 묶음의 수가 모두 같으므로 낱개의 수가 가장 작은 30이 가장 작은 수입니다.

10 10개씩 묶음의 수가 가장 작은 20이 가장 작은 수입니다.

13 10개씩 묶음의 수가 26이 가장 크고 19와 14는 10개씩 묶음의 수가 같으므로 낱개의 수가 더 작은 14가 가장 작은 수입니다.

15 10개씩 묶음의 수가 가장 작은 15가 가장 작은 수입니다.

8 22, 50
9 20, 37
10 41, 48
11 47, 42
12 20, 15
13 24, 14
14 40, 35
15 23, 17
16 16, 12
17 11, 18
18 27, 29
19 19, 22

4 30, 43
5 39, 40
6 28, 44
7 46, 49

1 10
2 10
3 10
4 5
5 4
6 9
7 14 / 십사, 열넷
8 19 / 십구, 열아홉
9 11 / 십일, 열하나
10 15, 17
11 15
12 12, 14
13 12
14 14
15 17
16 9
17 8
18 6

19 40
20 20
21 50
22 오십, 쉰
23 삼십, 서른
24 사십, 마흔
25 38
26 25
27 47
28 40, 42
29 20, 22
30 48, 50
31 44
32 36
33 30
34 41
35 15
36 29

1 10개씩 묶음 3개 ➡ 30 ➡ 서른
10개씩 묶음 5개 ➡ 50 ➡ 쉰
10개씩 묶음 4개 ➡ 40 ➡ 사십

2 10개씩 묶음 1개와 낱개 5개 ➡ 15 ➡ 십오
10개씩 묶음 2개와 낱개 1개 ➡ 21 ➡ 이십일
10개씩 묶음 3개와 낱개 8개 ➡ 38 ➡ 서른여덟

3 10개씩 묶음 1개와 낱개 9개 ➡ 19 ➡ 열아홉
10개씩 묶음 3개와 낱개 7개 ➡ 37 ➡ 삼십칠
10개씩 묶음 4개와 낱개 4개 ➡ 44 ➡ 마흔넷

4 28보다 큰 수는 10개씩 묶음의 수가 2보다 큰 30, 43입니다. 27은 28과 10개씩 묶음의 수는 같지만 낱개의 수가 더 작으므로 28보다 작은 수입니다.

5 34보다 큰 수는 10개씩 묶음의 수가 3보다 큰 40이고, 39는 34와 10개씩 묶음의 수가 같고 낱개의 수가 더 크므로 34보다 큰 수입니다.

12 27보다 작은 수는 10개씩 묶음의 수가 2보다 작은 15입니다. 20과 28은 27과 10개씩 묶음의 수가 같은데 낱개의 수가 20은 27보다 더 작고 28은 27보다 더 크므로 20이 27보다 작은 수입니다.

17 20보다 작은 수는 10개씩 묶음의 수가 2보다 작은 11, 18입니다. 21과 29는 20과 10개씩 묶음의 수는 같지만 낱개의 수가 더 크므로 20보다 큰 수입니다.

7 10개씩 묶음 1개와 낱개 4개 ➡ 14 ➡ 십사, 열넷

8 10개씩 묶음 1개와 낱개 9개 ➡ 19 ➡ 십구, 열아홉

9 10개씩 묶음 1개와 낱개 1개 ➡ 11 ➡ 십일, 열하나

12 13보다 1만큼 더 작은 수는 12이고 1만큼 더 큰 수는 14입니다.

13 3과 9를 모으면 12가 됩니다.

14 10과 4를 모으면 14가 됩니다.

15 15와 2를 모으면 17이 됩니다.

16 11은 2와 9로 가를 수 있습니다.

17 15는 8과 7로 가를 수 있습니다.

18 18은 6과 12로 가를 수 있습니다.

33 10개씩 묶음의 수가 더 큰 30이 29보다 더 큰 수입니다.

34 10개씩 묶음의 수가 가장 큰 41이 가장 큰 수입니다.

35 10개씩 묶음의 수가 가장 작은 15가 가장 작은 수입니다.

초능력 **수학 연산 1·1**

정답 및
풀이

초능력 수학 연산